Mohammed Djassemi

MACHT UND STAAT
IM ISLAM

DJASSEMI

VERLAG

INHALT

VORWORT

Die vorliegende Schrift wurde von mir 1981 im Rahmen einer Dissertation an der Universität Augsburg erstellt. Aber sie ist heute genauso aktuell wie vor 20 Jahren.

»Der islamische Fundamentalismus«
(bereits vor kurzem erschienen)

»Ideen zum Gottesstaat«
(erscheint im Frühjahr 2002)

ergänzen das Thema, das uns alle und die ganze
Menschheit angeht.

Zum Schluß möchte ich mich bei allen denjenigen bedanken, die
durch ihre Hilfestellung das Erscheinen dieser Arbeiten ermöglicht haben.

Westerland im Dezember 2001
Mohammed Djassemi

I — EINLEITUNG

Den Reislamisierungstendenzen in unserer Zeit liegen auffallend politische Motivationen und Funktionen zugrunde (Detlev Khalid). Will man das Wesen der Religion als 'eine innere Begegnung mit dem Heiligen' (R. Otto), und von ihrem letzten (monotheistischen) Zweck her als 'eine Verehrung des transzendenten Gottes' (J. Shelah) verstehen, so erscheinen die politischen Funktionen der Religionen als ein 'Nebenprodukt' (M. Wolffsohn); demnach wäre eine 'politische Religion' (Balandier) ein Widerspruch an sich selbst. Dagegen könnte man berechtigerweise von einer 'politisierten Religion' sprechen, wobei durch das Adjektiv 'politisch' das wesensfremde Beiwerk der religiösen Substanz betont wird. Wesensfremd ist von daher die politische Reislamisierung, sobald und insoweit sie mit der Religion politische Ziele zu erreichen versucht. Auf diesem Wege bekommt nämlich die Religion einen instrumentalen Charakter, weil ihr eigentlicher Zweck in das Mittel der Erfüllung einer ihrer Funktionen (wie z. B. Interpretations- und Sinngebungsfunktionen) umgemünzt wird. Angesichts der Reaktivierungsfaktoren, die bestimmend auf die politische Renaissance des Islam wirken, wird auf 'Zivilisationskrise', 'soziale Krise', 'Legitimationskrise' (H. Dekmejian) und verstärkt auf 'Identitätssuche' (R. König) hingewiesen; kurz: Sozio-ökonomische und sozio-kulturelle Faktoren (Bassam Tibi). Sobald die sozio-ökonomische Analyse aber monokausal die Wirtschaft für den letzten bestimmenden Faktor erklärt, erhält sie am Ende immer die Antwort, die sie auch anfangs wußte; die sozio-kulturelle Analyse konzentriert ihre Aufmerksamkeit vorwiegend auf den Begriff 'kulturelle Identität', die (islamisch) ausfällt. Dieser Begriff aber wäre dort brauchbar, wenn eine 'islamische Identität' irgend geortet und nachgewiesen werden könnte. Denn nachweislich setzt sich die islamische Kultur aus verschiedenen, heterogenen, ethnisch-kulturellen Bestandteilen zusammen, deren

Ensemble ein 'Compositio Oppositorum´ (Kellerhals), einen kulturellen 'Synkretismus´ (Goldziher) darstellt. Deshalb kann man aus dem Islam sowohl den Nationalismus (und zwar, Selbstbestimmung – Integrations, - Repressions, - und missionarischen Nationalismus –Wolffsohn), als auch den Internationalismus (Reich, Supranationales Gebilde, universelle Umma-Utopia usw.), eine bunte Palette sozial-ökonomischer Inhalte und Programme, angefangen mit einer sklavenfreundlichen Subsistenzwirtschaft über rentenkapitalistische (Bobek) und feudale Ökonomik bis hin zu kapitalistischen und sogar sozialistischen Wirtschaftsordnungen und politische Ordnungsformen theo-absolutistischer, theo-demokratischer, laizistisch liberal-demokratischer anarchistischer, klerokratisch-aristokratischer, monarchisch oder republikanischer Prägung ableiten und hinreichend nachweisen. Von daher eine 'islamische Identität´ positiv konstatieren zu suchen, wäre dem Wesen der islamischen Kultur selbst fremd. Dagegen ließe sich aber <u>negativ</u> bestimmen, was in eine islamische Kultur nicht hineinpaßt; dazu gehören – um einige Beispiele zu nennen: Eine politische Herrschaft, deren Herrscher entweder gottlos oder an keine Gesetze gebunden wären (Wittvogel´s 'orientalische Despotie´, soweit sie also kein Konstitutionalismus ist, eben <u>un</u>islamisch), eine soziale Ordnung ohne ausgeprägten Sinn für Gerechtigkeit, eine rein kollektivistische Eigentums- und Wirtschaftsordnung usw..

Demnach wäre es sinnlos, eine Identität dort zu suchen, wo sie als solche gar nicht existieren kann; mit anderen Worten: Einen Verlust der Identität gerade dort zu suggerieren, wo doch der Islam, abgesehen von wenigen Ausnahmen, diese fast immer besessen hat.

Auch meine Untersuchungen weisen nach, wie reich der Islam an Modalitäten politischer Ideologien und Ordnungsformen ist und sein kann. (Der heftige Machtaustrag gesellschaftlicher Gruppierungen in vielen islamischen Ländern mit verschiedenen Ideologien, ist nur ein Indikator für diese Erscheinung). Diese Untersuchungen sollen klarstellen:

1. Welche politischen Ordnungsformen hat der Islam geschichtlich hervorgebracht bzw. kann er vom theoretischen Ansatz her ermöglichen, und

2. Welcher allgemeine Begriff liegt diesen historischen Formen und theoretischen Ansätzen zugrunde?

Die Antwort auf die zweite Frage ist die 'Macht'. Wie die Macht gedacht bzw. gehandhabt wurde, so ergaben sich entsprechend auch politische Vorstellungen bzw. politische Ordnungen. Die Macht selbst wird bestimmt, je nach dem, wie das Gott-Mensch-Verhältnis gedacht wurde. Kurz: Die politischen Ordnungsformen erweisen sich als eine Funktion des Machtbegriffs, und dieser ist eine Funktion des Gott-Mensch-Verhältnisses. Die Spanne zwischen den möglichen Variationen politischer Ordnungskonzeptionen entspricht demnach der Spanne zwischen der völligen Macht-losigkeit des Menschen an einem Pol (Sunnitentum und Schiismus) und der göttlichen Macht des Menschen an dem anderen Pol (Sufismus); eine differenzierte Schattierung, angefangen von der absoluten Theonomie bis hin zur völligen Autonomie ist die Folge. Nach der allgemeinen Darstellung der Macht im Islam wird im letzten Abschnitt eine nähere Bestimmung des khomeinischen islamischen Staates dargeboten, den ich als eine klerokratische Aristokratie auffassen möchte. Hier erst zeigt sich, daß die politisch verstandene Reislamisierung keinesfalls mit einer vagen 'Identitätssuche' erklärt werden kann, und daß sie eher der 'Sakralisierung der Macht' einer gesellschaftlichen Interessengruppe (Gesetzesgelehrten) mit religiösen Mitteln dient.

II – DER MACHTGEDANKE IM ISLAM

II – 1: Vom Reformer zum Revolutionär

Gegen Ende der sechziger Jahre hat Ayatollah Khomeini in seinem Verbannungsort Nadjaf (Irak) Ideen über die islamische Regierung entwickelt, die ein Jahrzehnt später während der iranischen Revolution (1979) Geschichte machen sollten. Jetzt, in Nadjaf, war Khomeini kein Mahner mehr, der die Verantwortlichen des Schah-Regimés zur Besonnenheit aufrief; das hatte er bis zu den Anfängen der sechziger Jahre vergeblich versucht. Nun trat er endgültig als Revolutionär auf und strebte den Sturz der Monarchie an. Noch 1963, als er in der heiligen Stadt Qum gegen das Kapitulationsgesetz (Aufhebung der islamischen Gerichtsbarkeit für die amerikanischen Experten im Iran) aufrief, stand er auf dem Boden des iranischen Grundgesetzes (1906), machte er das Parlament dafür verantwortlich, beurteilte er es als einen nationalen Verrat und berief sich dabei auf den Paragraphen 2 der Verfassung, wonach die Gesetze durch fünf hohe schiitische Autoritäten (Muðtahidin) auf ihre Vereinbarkeit mit dem Islam überprüft werden sollten. [1] Nun aber der drohenden Hinrichtung entkommen und des Landes verwiesen [2] und unter den quälenden Erfahrungen der Ohnmacht, radikalisierte sich die politische Überzeugung Khomeini´s: Die Wirklichkeit, die so schlecht sei, ist nur noch wert unterzugehen. Den Mächten und Mächtigen dieser Welt müßte man einzig mit der Macht Gottes entgegentreten, der von jeher eine göttliche Ordnung anbefohlen, welche sogar einige Zeit lang mit wunderbarem Erfolg geherrscht hatte. Sollte nun der Islam ausgesetzt und Unglauben, Verdorbenheit und Chaos geduldet werden, wo doch die Gebote Gottes von ewiger Dauer sind? Es scheint, daß der Glaubenssatz des Schiismus vom Abwarten des verheißenen und verborgenen Mahdi, die revolutionäre Unruhe in ihm nicht mehr aufzuhalten vermag, so fragt er sich: „Von der kleinen Verborgenheit sind bisher eintausend und einige hundert Jahre verstrichen; möglicherweise könnten da noch hunderttausend Jahre vergehen und seine Heiligkeit würde es nicht für ratsam halten, um zu erscheinen; müssen denn solange die Gebote des Islam ausgesetzt und nicht durchgeführt werden? Kann während dieser Zeit jeder machen, was er will? Soll denn Chaos herrschen? ...“ [3]

Diese bohrenden und drängenden Fragen richtet er an seinen Imam der Zeiten, um die letzten Bedenken beiseite zu räumen, die ihm gekommen sind: Er, der Imam, möge doch verstehen, daß er (Khomeini) nicht mehr einfach warten und tatenlos zusehen kann, wie die Welt des Islam zusammenbricht und in den Schlund des Untergangs versinkt. Fortan ist die Wendung endgültig vollzogen: Der Warner von Qum ist zum Revolutionär in Nadjaf geworden. Er mag sich während dieser über Jahre erstreckenden Wandlung wohl an dem Gedanken Genugtuung verschafft haben, daß selbst dem Gesandten Gottes Muhammad ein ähnliches Schicksal widerfahren war: Auch er hatte in Mekka die Welt der Reichen und Herrschenden mit apokalyptisch anmutenden Mahnungen und Warnungen wachrütteln wollen: vergeblich! Auch er hatte am Ende nur Hohn, Verachtung und Repressalien geerntet, bis man schließlich nach seinem Leben trachtete und ihn zwang, von Mekka nach Medina auszuwandern. Die medinensische Wendung des Gesandten zur Politik, zum Staat, zu militärischen Feldzügen, war das nicht der einzige Ausweg, um dem Islam Geltung zu verschaffen? In der Tat schien die schicksalhafte Wendung Mohammad´s zur revolutionären Tat unausweichlich zu sein: Er nahm dann praktisch vor etwa 1350 Jahren sozusagen die Fokustheorie Che-Guevara´s, oder besser gesagt, die Stützpunkttheorie Mao-Tse-Thungs vorweg und mit ziemlichem Erfolg! [4] Mohammad schien zu dieser Zeit mehr und mehr von der Überlegung auszugehen, daß man mit einem Mini-Staat islamischer Prägung inmitten der feindlichen Welt des Unglaubens eher eine Chance für die Festigung und schrittweise Verbreitung des Islam gewinnen könnte. Khomeini folgte diesem Beispiel. Was aber heute noch an Mohammads Lehren und Praktiken in Medina stutzig macht, ist vor allem die instrumentale Handhabung der revolutionären Gewalt zwecks Durchsetzung der neuen Religion des Islam. Das Selbstverständnis der Macht, welches hier weitgehend das Handeln des Propheten zu bestimmen scheint, enthüllt hinlänglich das bekannte Mysterium der medinensischen Wendung Mohammad´s zur Politik. Um dieses Grundproblem der Macht, darum, ob dem Menschen von Hause aus Macht zukommt oder nicht, haben sich später die Geister im Islam und dessen große geistige Richtungen (madahib) und Strömungen, wie Kalam, Philosophie und Tassawuf herumgeschlagen, weshalb man mit einigem Recht die Behauptung aufstellen könnte, daß das ganze islamische Gebäude ohne das Verständnis der Grundkategorie der Macht kaum zu durchschauen sei. Der Grund für die immerwährende Aktualität dieser Frage lag darin, daß sie stets von entscheidender Wichtigkeit für die gesellschaftliche und politische Wirklichkeit der Menschen war; diejenigen Kräfte und Parteien, die auf revolutionäre Weise nach dem Erwerb der politischen Macht trachteten, oder umgekehrt, sie in ihrer Hand zu konservieren wünschten, hielten den Menschen angesichts der Allmacht Allah´s im großen und ganzen für machtlos, während die innovierenden und liberalen Kräfte die Betonung auf die Freiheit des Willens und die imponierenden Fähigkeiten und selbständigen Leistungen des Menschen legten. Mohammad nun scheint in Medina und in der Spätzeit seines Wirkens sich der ersten Konzeption zugewandt zu haben, die ihm eine vorzügliche Rechtfertigungstheorie für den auf revolutionäre Weise zustandekommenden islamischen Staat lieferte. Für den heutigen Fundamentalismus und mit ihm auch für Khomeini, die die fundamentalen Werte und Institutionen des Islam in Medina verwirklicht sehen wollen und von daher auf eine Identität der Religion und Politik drängen, ist der Rückgriff auf die erwähnte Machtkonzeption geradezu zwangsläufig. Den eigentlichen Kern der Politiktheorie Khomeini´s bildet diese Machtidee, weshalb dem wohl erstmaligen Versuch ihrer Darstellung in diesem Abschnitt der Vorrang eingeräumt wird. Erst auf dem Hintergrund dieser, mit politiktheoretischem Herangehen an den Islam zu gewinnenden Machtkonzeption werden die politischen Ideen

12

Khomeini´s verständlich und dem kritischen Kommentar zugänglich.

II – 2: Theologie der Macht im Christentum – Exkurs

Aus der christlichen Sicht ist die Macht, wie Romano Guardini [5] ausführt, eine ontologische Größe; sie sei in alt-testamentarischem Sinne schon bei der Erschaffung im Sein des Menschen wesenhaft angelegt. Ohne sie wäre der Mensch erst gar nicht existenzfähig und könnte weder über das Reich der äußeren Natur verfügen noch in der Gemeinschaft sich behaupten. Die so verstandene Macht bedinge den Anspruch des Menschen auf Herrschaft, die ihm aufgetragen sei. Dasselbe Bewußtsein der Macht jedoch führe zur Empörung gegen den Schöpfer und verursacht die Erbsünde. Hier setzt die Erlösungsbotschaft des Neuen Testamentes ein. Haben die Weisen aller hohen Kulturen die Gefahr der Macht erkannt und war ihr letztes Wort Maßhaltung und Gerechtigkeit, so bringt die christliche Lehre von der Erlösung in diesen Sachverhalt einen neuen Begriff hinein, den der Demut: „Der die Haltung der Demut zuerst verwirklicht und sie dem Menschen ermöglicht hat, ist Gott selbst; und der Akt, durch welchen das geschieht, die Menschwerdung des Logos." [6] Der freie Abfall der Welt von Gott reißt sie aus ihrem direkten und ewigen Verhältnis zu Gott, das nur durch die Dazwischenkunft Gottes wiederhergestellt werden kann. „Denn da sie sich aus eigener Macht in das Urverhältnis ihrer Form zu Gott nicht mehr zurückversetzen kann, weil ihr in der Sünde die Kraft der auf Gott beruhenden Selbständigkeit notwendig entgeht, und da sie doch ihren substantiellen Grund in Gott als seiendes Wesen und somit auch ihre substantielle Verbindung mit ihm nicht verlieren kann, so muß notwendig Gott selbst in seine All-Liebe als Versöhner in die Mitte treten ..." [7]

Aus Liebe, einer göttlichen und letztlich unergründlichen Liebe, läßt Gott seinen Sohn Mensch werden, um ihn alle erdenklichen Erniedrigungen bis hin zum Tode am Kreuz gehorsamst erdulden zu lassen. So ist Jesu ganzes Dasein die Übersetzung der Macht in die Demut in reiner Freiheit. Demut, nicht als Schwäche, sondern als Kraft, erscheint hier als Befreiung vom Bann der Macht aus der innersten Wurzel heraus. Das ist, so Guardini, die Antwort des Neuen Testamentes auf die Frage der Macht. [8]

Die Macht als eine ontologische Wirklichkeit aber impliziert sowohl die ständige Gefahr der Versuchung, als auch die jeden Moment mögliche Erlösung durch Orientierung zum Gott, der wahren Quelle aller Macht, hin. So kann denn auch Augustin das Metaphysische zum Ausgangspunkt seiner politischen Philosophie von zwei widerstreitenden Städten machen, „die eine auf Liebe zu Gott und Selbstverachtung, die andere auf Selbstliebe und Verachtung für Gott gegründet." [9] Auch wenn die Grenzen zwischen der <u>Civitas Dei</u> und der <u>Civitas terrena</u> nicht so eindeutig festgelegt waren, so konnte dennoch Augustin „den geistlichen Charakter der sichtbaren Kirche dem dämonischen Ursprung des Staates" gegenüberstellen und „damit jede Möglichkeit einer Theokratie" ausschließen, während er zugleich für eine Unterordnung des Staates unter die Souveränität Christi plädierte. [10] Freilich war es letztlich das Ziel, welches die Macht gut oder böse erscheinen ließ. Der ewige Friede, ´pax in vita aeterna´ konnte auf Erden, also auch durch den Staat nicht erreicht werden; ihm war dennoch beschieden, zeitlich begrenzte Befriedung zu schaffen. Auch wenn der Staat tatsächlich nach Frieden auf Erden strebte, so zielte er dennoch „auf nichts Höheres, als Genuß und Ruhe in diesem vergänglichen Leben sicherzustellen mit irdischen Mitteln". [11] Gerade die Notwendigkeit dieser Ziele aber für das Menschenleben entkräftet derart den dämonischen Charakter der staatlichen Macht, daß Augustinus „eine direkte Einsetzung jeder staatlichen Oberhoheit durch Gott am stärksten betont." [12]

Die Macht, auch in ihrer staatlichen Form, bleibt immer eine göttliche Ausstattung des Menschen. Wird sie im Verhältnis Gott – Mensch betrachtet, so droht ihr von drei Seiten eine Pervertierung: Sie kann als die Äußerung der Gottesebenbildlichkeit zur Überheblichkeit verleiten und sich für die Gotteswesenhaftigkeit halten; sie kann ihren personalen und damit ihren verantwortlichen Charakter verlieren, so „daß der Mensch in irgendeiner Weise zum Naturwesen und seine Macht zur Naturenergie würde." [13] Schließlich kann sie sich im Hinblick auf ihren göttlichen Ursprung in ein Gefühl der unbedingten Ohnmächtigkeit, des Fatalismus, verwandeln. [14]

II – 3: Die Machtlosigkeit des Menschen im Islam

Man könnte von den bereits gewonnenen Aspekten her sagen, daß die Macht in der christlichen Sicht im Menschen als Person angelegt sei, um in Freiheit und Sittlichkeit entscheiden zu können, und zwar im ständigen Spannungsverhältnis zwischen zwei extremen Polen: völliger Verneinung der göttlichen Machtquelle einerseits, unbedingte Verneinung jeglicher Machtpotenzialität des Menschen andererseits. Begibt sich der Mensch in die Haltung absoluter Ohnmächtigkeit, so entledigt er seiner Entscheidung den sittlichen Charakter, auch wenn er dies im Hinblick auf die absolute Allmacht Gottes tut; erfährt er seine Macht als absolute Selbständigkeit, so ist seine Tat Empörung und Anmaßung und nur scheinbar frei, und mit dem Makel der Naturhaftigkeit und Naturnotwendigkeit behaftet.

Mit diesem Resultat im Auge kann nun nach der Machtidee im Islam gefragt werden. Offensichtlich scheint es, daß der Mensch zumindest im Alt-Islam von Hause aus keine Macht besitzt; es heißt im Koran: „Gott will euch Erleichterung gewähren. Der Mensch ist (ja) von Natur schwach." [15] Die eigentliche Lesart könnte auch lauten: Der Mensch ist von der Schöpfung her schwach erschaffen worden. Er ist völlig im Schatten der absoluten Allmacht Gottes als eine ohnmächtige Kreatur gestellt. Mit den Worten des Begründers der islamischen Wissenschaften Goldziher: „Der Begriff der unbedingten Abhängigkeit hatte die krassesten Vorstellungen von Gottheit erzeugt. Allah sei unbeschränkter Machthaber ... Die Menschen seien willenlose Spielzeuge in seinen Händen ... Die menschliche Fähigkeit schrumpft neben dem unbeschränkten Willen Allah´s und seiner vollkommenen Macht in nichts zusammen. Diese Macht Allah´s erstrecke sich auch auf die Bestimmung des menschlichen Willens ...“ [16] „Die verzweiflungsvolle Hoffnungslosigkeit“ scheint nach v. Kremer die verbreitete Stimmung zu sein, „welche schon kurz nach Mohammed immer mehr und mehr ein charakteristisches Merkmal des Islam zu werden beginnt, als notwendige Folge des Schreckensapparates des Korans und der Theorie der unbeschränkten Willkür Gottes bei Bestimmung des Menschenloses“. [17] Um konkreter zu sprechen, waren es Auffassungen von Gott, Welt und Menschen, die ein düsteres Bild erzeugt hatten, welches sich den Gemütern aufgeprägt hatte.

Die Gottesvorstellungen der Semiten waren, wie Kremer feststellt, von Anfang an von denen der Arier durch die abstrakte Idee der Macht und Herrschaft und das monarchische Prinzip unterschieden. „Die Analyse der ältesten arischen Götternamen stellt den Beweis her, daß sie fast durchwegs auf Sprachwurzeln sich zurückführen lassen, die von Naturerscheinungen entlehnt sind, während hingegen die semitischen Götternamen auf Sprachwurzeln beruhen, welche eine abstrakte Idee des Herrschens, der Macht, des Besitzes oder des absoluten Seins in sich schließen. Während der Kampf der Elemente und der scheinbar in stetem Widerstreit begriffenen Naturkräfte, die Arier zur Annahme einer Mehrzahl der obersten Mächte führte, war die Auffassung der Semiten stets die entgegengesetzte. Sie war sozusagen mehr monarchisch und erkannte schon sehr früh eine höchste Gewalt an, der alles untergeordnet war, welcher unbedingter Gehorsam geleistet werden mußte.“ [18] Aus diesem kulturellen Background sowie insbesondere aus den jüdischen Gottesvorstellungen, entwickelte Mohammad in Medina seinen Monotheis-

16

mus, der umso strenger und unerbittlicher wurde, je mehr der Prophet selbst zu politischen und militärischen Aktivitäten sich gezwungen sah, um schließlich über die Gründung eines Mini-Staates in Hidjaz die diversen arabischen Stämme mit ihren spezifischen Gottheiten zu besiegen und in einer ´Umma´ zu integrieren. Fortan war Mohammad das Medium, durch welches der Gotteswille sich in Form von Gesetzen verkünden und vollstrecken ließ. Die unbestreitbare Einzigkeit und Allmacht dieser absolutistischen Regie Gottes in Arabien, lieferte so die Rechtfertigungsgrundlage für das neue, von Mohammad geschaffene Herrschaftsgebilde. Nicht nur der Bestand dieser Herrschaft, sondern auch ihre Erweiterung auf andere Länder durch militärische Feldzüge wurden direkt als Gottesfügung gerechtfertigt. [19] In engem Zusammenhang mit der zeitlich sich entwickelnden Gotteslehre Mohammad´s, stand auch die Verwandlung seines Menschenbildes. Wie Hubert Grimme nachgewiesen hat, entspringen die widersprüchlichen Lehren des Propheten über die Willensfreiheit und Gnadenwahl den verschiedenen Zeitabschnitten seiner Wirksamkeit. [20] „In der ersten mekkanischen Zeit steht er auf dem Standpunkt der vollen Willensfreiheit und Verantwortlichkeit, in Medina sinkt er immer mehr und mehr zur Lehre der Unfreiheit und des servum arbitrium herab." [21] So bringen einige Stellen im Koran in krassester Weise die Unfreiheit des Willens, und damit eigentlich die unbedingte Ohnmacht des Menschen zum Ausdruck: „Aber ihr wollt nicht, es sei denn, Gott will es. Gott weiß Bescheid und ist weise. Er läßt in seine Barmherzigkeit eingehen, wen er will. Für die Frevler aber hat er eine schmerzhafte Strafe bereit." [22] Die Idee der Weltschöpfung durch den Einzigen Gott, die notwendig die Momente der Welterhaltung und Weltregierung impliziert, wird somit derart absolut gesetzt, daß dem Menschen auch nicht die geringste relative Selbständigkeit zugemutet werden kann; er verfällt aus Schwäche der Versuchung Satans, weshalb auch vom Gott verziehen wird[23] und braucht sich nicht mit einer Erbsünde herum zu plagen, um im Zeichen des Kreuzes, d. h. durch die freie, verantwortliche Entscheidung der Umsetzung der Macht in Demut" [24] die Wiedergeburt, die Erlösung zu finden und sein verstörtes Macht-

Dasein mit Liebe zu Gott und Erwiderung des Bösen mit Gutem in die rechte Ordnung zu rücken. Daß der Mensch in die Irre ging, und damit dem Elend und Verfall preisgegeben wurde, war nicht nur nicht ein Zeichen seiner Stärke, sondern ganz im Gegenteil, die Irre selbst zeugt bestens von seiner hausbackenen Ohn-Macht: Er überschätzte sich und seine Fähigkeiten, statt seiner Schwäche bewußt zu sein. [25] Er sah seine schwache Natur nicht ein, wodurch ihm eine Art Selbstentfremdung widerfahren mußte. Mit anderen Worten: seine schwache Wesenhaftigkeit läßt nur ein adäquates Bewußtsein (besser Vor-Bewußtsein) zu, die Gottesfurcht. Ein Denken (und Leben) außerhalb der Gottesfurcht bedeutet bereits Aufsässigkeit, Rebellion. Die grundsätzliche Möglichkeit der Rechtleitung, als „Rechtleitung für die Gottesfürchtigen"[26] bedeutet also, sich bedingungslos in den Willen Gottes einzufügen. „Auch hier ist der sprachliche Zusammenhang zwischen dem Verbum ´rebellieren´ (´asa) und dem Substantiv ´Sünde´ (masiya) auffallend. Das Gegenteil von ´rebellieren´ ist ´sich ergeben´, ein Wort, das arabisch am besten mit ´Islam´ wiedergegeben wird." [27]

Die Grundtatsache der Aufsässigkeit, des Ungehorsams, muß der natürlichen Beschaffenheit des Menschen zugerechnet werden, soweit sie nur ein anderer Ausdruck der natürlichen Schwäche des Menschen ist; gerade diese Schwäche verursachte die Vertreibung Adams aus dem Paradies. Die Auflehnung scheint jedoch über den Menschen hinaus die Haltung der gesamten natürlichen Schöpfung zu sein, wie Al-Harrani sich die Erschaffung der Welt vorstellt: „Als Gott das untere Meer erschaffen hatte, pries sich dieses hochmütig und sagte, was kann mich da besiegen? So schuf Gott die Erde und stellte er sie auf den Rücken des Meeres hin; da pries sich die Erde stolz und sagte: was kann mich denn besiegen? Da erschuf Gott die Berge und bohrte er sie wie Nägel in den Rücken der Erde hinein. Die Erde zitterte und ward still. Dann priesen sich die Berge stolz über die Erde und sagten: was kann uns denn besiegen? Gott erschuf daraufhin das Eisen, um die Berge zu durchlöchern und zu besiegen. Dann wurde das Eisen hochmütig und sagte: was kann mich denn besiegen? Da erschuf Gott das Feuer, welches das Eisen verschmolz und besiegte. Das Feuer aber loderte und stolzierte, was kann mich denn besiegen? Gott schuf das Wasser, um das Feuer zu löschen und zu besiegen. Das Wasser jedoch wogte und sagte stolz: was kann mich denn besiegen? Gott schuf den Wind, um das Wasser in Gewalt zu bekommen. Dann tobte aber der Wind und pries sich stolz: was kann mich denn besiegen? Da schuf Gott den Menschen, der sich Behausungen herstellte und Auswege erfand, um den Wind und das Sonstige zu bewältigen. Da riß der Mensch die Zügel und sagte: wer ist noch mächtiger als ich? Daraufhin schuf Gott den Tod und bewältigte mit ihm den Menschen. Der Tod aber wurde hochmütig, worauf Gott ihn warnte: Sei nicht so stolz, denn ich werde dich zwischen den zwei Menschenscharen, die ins Paradies bzw. in die Hölle gehören, enthaupten und nimmermehr lebendig machen; da bekam der Tod Angst ..." [28] Eindrucksvoll und kristallklar erscheint hier der Machtgedanke im Islam, der die gesamte Wirklichkeit als ein strukturiertes Herrschaftsgefüge auffasst. Die komplizierte Interdependenz der natürlichen und menschlichen Beziehungen wird auf eine einfache, die der Macht-Hierarchie, reduziert, die fraglos von oben nach unten angeordnet ist. Das einzige Verhältnis, das diese Ordnung beherrscht und zusammenhält, ist das der Macht. Die Besprechung der Eigenart jener gewissen Verfügungsgewalt, die dem Menschen gegenüber der äußeren Natur eingeräumt und interessanterweise als materielle Herstellung (Produktion) und Erfindungsgabe (Technologie) [29] der Menschen bezeichnet wird, muß auf den nächsten Abschnitt zurückgestellt werden. Hier und in diesem Zusammenhang muß vielmehr der Frage nachgegangen werden, die vorher gestellt wurde, und zwar: entspricht Gehorsam der Natur der Dinge und der Menschen, oder der Ungehorsam? Ambivalent ist auch in diesem Thema die koranische Lehre. Während der vorher zitierte Vers von der ´wirklichen´ und d. h. der natürlichen Aufsässigkeit des Menschen erzählt (und die obige Geschichte der Schöpfung von Al-Harrani dies bestätigt), lassen sich auch solche Stellen im Koran finden, die den Islam und d. h. die

Unterwerfung unter den allwaltenden Willen Allah´s als einen natürlichen Hang der Dinge und der Menschen bezeichnen.

„Richte also dein Antlitz hinauf zu der Religion als ein Gottessucher gemäß der natürlichen Beschaffenheit (fitra), in der Allah die Menschen erschaffen hat ...“ [30] Der Mensch also kann diese Zuwendung, die freiwillige, bejahte Unterwerfung „vollziehen dank der natürlichen, von Allah ihm verliehenen Beschaffenheit“. [31] Der Mensch ist demnach von Natur aus Muslim; es sind dies die gesellschaftlichen Umstände und Institutionen, die aus ihm ´Kafir´ (Verberger) machen, „weil er durch seinen Unglauben das verbirgt, was seiner Natur angeboren ist und in seiner eigenen Seele fortlebt, denn er ist ja tatsächlich instinktiv erfüllt vom Islam“. [32] Die gesellschaftliche Bedingtheit dieses ´Unglaubens´ bringt der folgende Ausspruch, der Mohammad zugeschrieben wird, deutlich zum Ausdruck: „Jedes Kind wird fitra gemäß (d. h. dem Islam gemäß) geboren: es sind seine Eltern, die aus ihm einen Juden, Christen oder Magier machen.“ [33] Bei Maudoodi ist der Islam synonym mit der schlechthinnigen Verfaßtheit des ganzen Seins. Ausgehend von ´der strengen Ordnung des Universums´, worin vollkommene, lückenlose Gesetzmäßigkeiten herrschen, schlußfolgert er: „Dieses mächtige, allumfassende Gesetz, das alles lenkt, was das Universum einschließt, von den winzigsten Staubkörnchen bis zu den Milchstraßen im Weltraum, ist das Gesetz Gottes, des Schöpfers und Erhalters des Universums. Da also die gesamte Schöpfung dem Gesetz Gottes ge-horcht, folgt das ganze Universum im wahrsten Sinne des Wortes der Religion des Islams.“ [34] Nur bei Menschen, so Maudoodi, müßte man eine Differenzierung vornehmen: Er ist von der Seite körperlicher und damit instinktiver Existenz gezwungenermaßen Muslim, d. h. fraglos dem Gottes Gesetz unterworfen, von der intellektuellen Seite seiner Existenz aber ist ihm freigestellt, jeden beliebigen Lebensweg einzuschlagen, den Gotteswillen zu akzeptieren oder abzulehnen. [35] Die Aufsässigkeit ist demnach bei Maudoodi lediglich in der vernünftigen Sphäre menschlicher Existenz anzutreffen. Während die übrige Natur, einschließlich Pflanzen und Tieren und selbst der körperliche Teil des Menschen bedingungslos der strengen Determination eines angenommenen göttlichen Universalgesetzes Folge leisten und darin recht und von Hause aus islamisch erscheinen, muß die Vernunft erst auf Umwegen und Kraft persönlicher und gemeinschaftlicher Extragesetze zum Gott hin zurechtgebogen werden. „Ein Mensch, der sich dafür entscheidet, seinen Schöpfer anzuerkennen, ihn als seinen wirklichen Herrn zu akzeptieren, sich aufrichtig und unbedenklich seinen Gesetzen und Befehlen zu unterwerfen und die Gebote zu befolgen, die Er den Menschen für ihr persönliches und gemeinschaftliches Leben offenbart hat, wird zu einem perfekten Muslim ...“ [36] Nun gibt es „keine Widerspruch in seiner Persönlichkeit“ [37] „denn die Ergebung seines ganzen Ichs in den Willen Gottes ist Islam und nichts anderes als Islam“ [38]. Maudoodi, der pakistanische Hauptideologe fundamentalistischer Strömung in unserer Zeit denunziert die Vernunft in ihrer freien, selbständigen Entscheidung als eine schizophrene unislamische Haltung, die zu einem alleingängigen Tenor aus dem totalen islamischen Chor der unbewußten Kreatur verführt. Damit werden die grundlegenden sittlichen Werte, die den Menschen als Person auszeichnen, zur Ursache aller gesellschaftlichen und moralischen Übel proklamiert: „... Nach islamischer Ansicht ist die Grundursache jeder Art von gesellschaftlicher und moralischer Verderbnis unter den Menschen der Umstand, daß der Mensch sich für selbständig und frei hält ...“ [39] „Mit anderen Worten, er erkennt sich als seinen Gott an oder wählt sich Befehlende und Herrscher (die mit Macht ausgestattet sind und Gehorsam verlangen), außer Gott, fürs Regieren, diese sind aber nichts anderes als Götzen ...“ [40] Wenn die gesamte kosmische Ordnung von dem einen und einzigen Gott erschaffen, erhalten und regiert wird, so kann die menschliche Ordnung, die Gesellschaft samt ihren politischen, rechtlichen, ökonomischen und sonstigen Strukturen nicht ausgelassen werden: sie gehört zur universellen, totalen Ordnung Gottes. So kann von dieser göttlichen Machtkonzeption aus, die die Grundlage der politischen Theorie des islamischen Fundamentalismus bildet, deduziert werden, was eigentlich auf der Hand liegt: Die absolute Allmacht Gottes hie und die hausbackene Ohnmacht des Menschen da, schließt jede menschliche Auto-Nomie bei der Gestaltung seines politischen Lebens aus; Maudoodi und mit ihm Khomeini können nur konsequent fordern, daß sowohl der eigentliche Herrscher wie auch der eigentliche Gesetzgeber und Richter Gott und einzig Gott sei. [41] Die bekannte Formel, die dies alleinige Herrschaftsrecht Gottes expressiv zum Ausdruck bringt, lautet: Al-Hukmu li-llah! (Das Regieren gehört Gott).

II – 4: Das Kalifat: Von der Amtsmacht des Menschen

Während der Mensch auf das Ganze und in seinem Verhältnis zum Gott hin gesehen, keine Macht besitzt und von dem absoluten Schöpfer und Besitzer des ganzen Seienden in eine durch und durch theonomisch bestimmte Ordnung hineingestellt und angehalten worden ist, in unbedingter Unterwerfung unter den Willen Gottes, sich aus dem Reich der Vergänglichkeit (fana) einen Ausweg zu verschaffen zum Reich der bleibenden Wirklichkeit (baqa) [42], so kommt ihm doch von Gott aus gesehen und in seinem Verhältnis zu der übrigen Kreatur eine gewisse, spezifische Macht zu, die besser Amtsmacht genannt werden soll. Sie ist Amtsmacht, weil sie nicht von sich aus und an und für sich besteht, sondern von Amts wegen kraft des Instituts des Kalifats (Stellvertretung) Gottes auf Erden dem Menschen übertragen, verliehen wird. Sie ist zudem Amtsmacht, weil sie an Weisungen und Anordnungen des Machtgebers gebunden ist und verwirkt, sobald der Mensch seine feststehenden Kompetenzen überschreitet oder sich nicht an Gottesbefehle hält. Diese beiden gegensätzlichen Momente der Machtidee muß man in ihrem dialektischen Spannungsverhältnis im Auge behalten, will man die politische Theorie und das politische Leben des Islam richtig verstehen. Dieser Sachverhalt wird weiter unten noch behandelt wer-

den; vorerst muß aber an dieser Stelle zum Kalifatsgedanken eini-
ges gesagt werden.

Der Kalifatsgedanke im Koran erscheint in einer doppelten Struk-
tur: Das allgemeine Kalifat und das besondere Kalifat. Zum einen
wird in der Adamsgeschichte die Intention Gottes ausgesprochen,
ihn zu erschaffen und mit ihm generell das Menschengeschlecht
zum Stellvertreter, zum Statthalter auf Erden zu machen [43]: „Und
(damals) als dein Herr zu den Engeln sagte: ´Ich werde auf der Erde
einen Nachfolger (Kalifen) einsetzen´! ...“ [44] Die erste Ausstattung,
die der Mensch für die Ausführung seines Amtes auf der Erde mit-
bekommt, ist die göttliche Belehrung über die Namen der Dinge:
„Und er lehrte Adam alle Namen (d. h. er lehrte ihn, jedes Ding mit
seinem Namen zu bezeichnen).“ [45] Besonders die jüdische theologische Spekulation hat, wie Bouman berichtet, die Supriorität und
Herrschaft des Menschen über die Schöpfung aus diesem Wissen
um die Namen der Dinge herausgelesen. [46] Bouman selbst stellt im
Zusammenhang mit der ´Einzigartigkeit´ der Allmacht Gottes den
Charakter der funktionalen Amtsmacht des Menschen als Kalifen
heraus, wenn er schreibt: „In diesem Kontext klingen zwei Hauptlehren des Koran durch: Adam, und der Mensch im Allgemeinen,
ist das von Allah belehrte Geschöpf, und mit dieser Belehrung hat
seine Verhaltensweise zu tun. In diesem Sinne kann er, auch wenn
wir die einzigartige Übermacht Allah´s nicht vergessen, als Khalifa
auftreten, denn durch die Belehrung Allah´s hat er die Macht, den
Willen seines Auftraggebers auf Erden zu verwirklichen.“ [47] Die
Qualität der Macht, die dem Menschen also von Gott gegeben wurde, ist eine rein aufgetragene und funktional bestimmte zwecks der
Beherrschung der äußeren Natur im Sinne der Nutznießung derselben: „Und wir haben euch doch auf der Erde Macht [48] gegeben, und
wir haben euch auf ihr (mancherlei) Lebensunterhalt gewährt, wie
wenig dankbar seid ihr!“ [49]

Ibn Khaldun hat die Idee des allgemein-menschlichen Kalifats
mit der Bedingung der Gemeinschaftlichkeit in Verbindung gesetzt.

Der Mensch sei weder in seinem Verhältnis zur äußeren Natur als Produzent seiner Lebensmittel, noch gegenüber den Gefahren, die ihm von ihr her drohen, fähig, einzeln zu existieren: in dieser Beziehung habe Gott den Tieren mehr und größere Kraft als den Menschen verliehen. Wollte der Mensch bestehen und sein Sein vollständig realisieren, so muß er sich mit den anderen Artgenossen zusammenschließen: „Nur wenn sich die Menschen zusammenschließen, erfüllt sich der im Koran verkündete Ratschluß Gottes, die Welt mit den Menschen zu besiedeln und sie zu seinen Stellvertretern (sg. istakhlaf) zu machen. Ohne wechselseitige Unterstützung würden sie das ihnen von Gott bestimmte Sein (wujud) nur unvollständig verwirklichen (lit. lam yakmul), weshalb der menschliche Zusammenschluß als notwendig angesehen werden muß." [50] Mit dem gemeinschaftlichem Zusammenschluß der Menschen aber, ergäbe sich die Notwendigkeit des Staates; so könnte man nach Ibn Khaldun schlußfolgern, daß die Conditio sine qua non für die Realisierung allen Kalifats die staatliche Gemeinschaft der Menschen sei. Von diesem Aspekt aus wäre dann das Kalifat eigentlich eine potentielle Fähigkeit des Menschen, die erst im Staat aktualisiert werden kann. Trotz der positiven Werte, die in der Idee des allgemeinen Kalifats des Menschen für seine irdische Existenz verankert sind, leisten seine negativen Aspekte vorzüglich der Idee der Gemeinschaftlichkeit und Staatlichkeit Vorschub: Die wesenhafte Schwäche des Menschen bedingt, daß er nicht als Einzelner leben kann, weshalb er auf die Gemeinschaft angewiesen ist. Seine Schwäche in der Form von Leidenschaftsnatur verleitet ihn zum ständigen Konflikt mit den anderen Menschen, weshalb er auf den Staat als die zentrale Ordnungsmacht angewiesen ist. Die Unzulänglichkeiten seiner Vernunft bedingen, daß er von sich aus nicht in der Lage ist, sein Leben auf das letzte Ziel hin einzurichten, weshalb er auf die göttlichen Gesetze und göttlich befohlenen politischen Ordnungen angewiesen ist.

So wird die Rezeption der griechischen zoon-politikon-Theorie durch die islamischen Philosophen wie Ibn Khaldun und Farabi

entweder ganz dem islamischen Gedankengut der Theokratie ange-
gliedert, oder heftig von der Orthodoxie bekämpft. So warf zum
Beispiel der Theosoph Tussi dem atomistisch orientierten Philosophen Razi (1209 +) vor, daß er sich dem weltlichen Gedankengut
zugewandt habe: „Den Satz, daß der Mensch ein animal sociale sei,
entlehnte Razi den weltlichen (griechischen) Gelehrten."[51] Nicht die
gesellschaftliche Natur des Menschen, sondern die geoffenbarte
Weisheit Gottes sei die konstituierende Kraft der Gesellschaft. Tussi
fährt konsequent fort: „Die Propheten sind für die Menschen wichtiger, als die Augenbrauen, Augenlider und Nägel an den Fingern.
Wenn also Gott diese unwichtigen Dinge den Menschen schenkt,
kann er ihnen in seiner Weisheit das Wichtigere nicht vorenthal-
ten." [52] Mit anderen Worten, kann der Mensch weder aus irgend-
welchen Gründen seiner Natur, noch aus seinen Vernunftsgründen
an sich die Bedingung der Gemeinschaftlichkeit (und auch der Staatlichkeit) vollbringen; einzig bleibt die prophetisch vermittelte Rechtleitung durch Gott, die die integrierende Mitte aller Gemeinschaftlichkeit ausmacht. Sobald die göttliche Ideologie die Massen er-
greift, werden sie zu einer Gemeinschaft (Umma) und damit zu einer Macht von Gottes wegen, einer Amtsmacht, und zwar durch die
Aktualisierung des potentiellen Gotteskalifats auf Erden.

Der heutige Fundamentalismus hält sich bezeichnenderweise
streng an diese Theorie. So schreibt Ayatollah Khaheneh-i, der eng
mit Khomeini verbunden ist: „Der Gottgläubige ist – nachdem er
eine richtige und vollkommene Weltanschauung empfangen, die ihn
zur Wahl und Annahme der göttlichen Religion, d. h. zur himmlischen Ideologie geführt hat – verpflichtet, zur Tathandlung zu schrei-
ten, um seiner Sendung und der ihm aufgetragenen Nachfolgerschaft
Gottes auf Erden gerecht zu werden. Und da die Tathandlung (´amal)
eines Muslims laut Koran stets die Wurzel und den Grund erfassen
muß, so muß er die primär gründlichste und zugleich dringendste
und notwendigste Tat ausführen, welche den Zusammenschluß in
einer Gemeinschaft (gama´at) ... zum Ziele hat." [53] Mit der Verbreitung der Umma, der Glaubensgemeinschaft „ergibt sich dann der

Boden als zweites Element von selbst. Als Folge der Zusammenkunft dieser zwei Elemente (Umma plus Boden) entsteht die gesetzliche Autorität und Herrschaft, im Fachausdruck die Regierung (hukuma), die in Anbetracht der äußeren Beziehungen Staat genannt wird." [54] Wir haben hier die Idee der Gemeinschafts- und Staatsbildung nur deshalb und insoweit streifen wollen, um zu zeigen, daß der allgemeine Kalifatsgedanke keinesfalls den Menschen ermächtigt, aus eigener Leistung eine Gemeinschaft zu gründen bzw. einen Staat zu bilden. Der Satz, daß der Glaube – herabgesandt und durch Propheten vermittelt – der eigentliche Konstituant der Gemeinschaft sei, beinhaltet zugleich den geschichtsspekulativen Satz, daß nicht der Mensch, sondern letztlich Gott die Geschichte macht. Schon an allem Anfang steht der ursprüngliche Bund, der lautet: „Und (damals) als dein Herr aus der Lende (w. aus dem Rücken) der Kinder Adams deren Nachkommenschaft nahm und sie gegen sich selber zeugen ließ! (Er sagte:) ´Bin ich nicht euer Herr?´ Sie sagten: ´Jawohl, wir bezeugen es.´ (Dies tat er) damit ihr (nicht etwa) am Tag der Auferstehung sagt: ´Wir haben davon keine Ahnung´." [55] Das Zeugnis von der absoluten Majestät und Herrlichkeit des einen Gottes, womit der unbedingte sklavische Gehorsam den Befehlen und Anordnungen des Herrn gegenüber verbunden ist, ist zugleich der Grundstein aller Gesellschaftlichkeit. [56] Die Formel von dem ursprünglichen Pakt (mitaq) mit Gott ist ein Unterwerfungsvertrag, der nicht nur der hier skizzierten Machttheorie des Islam entspricht, sondern folgerichtig die Gemeinschaft als Produkt dieser Unterwerfung erst ermöglicht.

Die Unterwerfung gilt jedoch nicht bloß für den Anfang oder für eine bestimmte Geschichtsperiode; sie und damit der Pakt gilt bis ans Ende der Welt (ahira). Inhaltlich bedeutet der Pakt vor allem, daß „den Menschen bestimmte Lebensweisen (tariqa) zugeordnet sind, von denen sie nicht abweichen und die ihnen angeordneten Grenzen und Gesetze nicht überschreiten sollten, denn sonst würden sie durch diese Überschreitung und Fehltritte der Verdorbenheit ausgeliefert werden." [57] Der Geschichte als einer festgesetzten

Rahmenordnung „auf dem Wege Gottes" (fi sabil al-lah) droht also die Pervertierung seitens der ´satanischen Versuchung´, der ´Vergeßlichkeit´ und der ´Aufsässigkeit´ der Menschen, kurz: indem sie einen anderen, selbständigen Weg einzuschlagen versuchen. Da beide Möglichkeiten stets vorhanden sind, so muß der Bund von jedem Propheten gegen den Unglauben und die Untreue der Menschen neu in Erinnerung zurückgerufen werden. Demnach stellt Gardet fest, daß die Geschichte hier „nicht als ein fortschrittlicher Ablauf" erscheint, „sondern als eine unregelmäßige Folge" jenseitiger Eingriffe, die durch die Stimme der Propheten die Wahrheit und die Einzelheiten des ursprünglichen Bundes bestätigen und ihn zu seiner Vollendung zum jüngsten Tag führen." [58] Selbst der konkrete Akt revolutionären Massenaufstandes im Iran (1978-79), der einen Wechsel des Regimes herbeiführte, wird im Sinne dieser unerbittlich waltenden Allmacht Allah´s, der die Geschichte macht, dahingehend interpretiert: „... Das war ein Aufstand, den der erhabene und gepriesene Gott unterstützte ... Das war nicht eine Sache, die einer selbst hätte machen können; Gott hat sie entstehen lassen, denn seine Hand war da am Werk." [59]

Resümierend kann man sagen, daß aus der rechtgläubigen, sunnitischen Theologie der Macht im Islam einerseits ein Theo-Absolutismus, andererseits eine Theo-Demokratie erwachsen. [60] Der Theo-Absolutismus selbst hat nach historischen Umständen zwei Ausgestaltungen erfahren: Das Kalifat im engeren Sinne, d. h. die Vereinigung der politischen und religiösen Herrschaft in einer Person. Zur Charakterisierung dieser Staatsform führt Rosenthal aus: „Der Kalif ist weder Papst noch mittelalterlicher Kaiser: die Zweischwertertheorie des christlichen Mittelalters gibt es im Islam nicht. ´Geistlich´ und ´weltlich´ sind westliche Begriffe, die im Grunde nicht auf den Islam angewendet werden können. Der Kalif ist das Haupt eines religiösen Staates und einer von der Religion beherrschten Gesellschaft. Als solches ist er Imam, wörtlich Führer der hinter ihm betenden Gemeinde im Freitagsgottesdienst in der Moschee, wo er eine Predigt (khutba) hält. Vielleicht sollte man es so ausdrücken, daß ´religiös´ sowohl den Glauben an Allah bedeutet, als auch die geistige Kultur und materielle Zivilisation in allen Einzelheiten durchdringt, zumindest in der Theorie."[61] Die totale, lückenlose Herrschaft Gottes hier und die Kehrseite davon: die Machtlosigkeit des Menschen dort im Verein mit dem Kalifatgedanken, also mit der gewissen Amtsmacht, die dem Menschen doch auf Erden zusteht, bedingen diese Form staatlicher Herrschaft. Angefangen hat diese politische Ordnungsform von Mohammad selbst in Medina und wurde nach ihm von den ersten (rechtgeleiteten) vier Kalifen in idealtypischer Gestalt repräsentiert. Später mit der raschen Ausdehnung des Islam über weite Territorien der damaligen zivilisierten Welt kommt es zu einer unaufhaltsamen Trennung der beiden Mächte: Das Ergebnis hieß Sultanat. Es ist die zweite geschichtliche Ausgestaltung des Theo-Absolutismus. Der Sultan braucht zwar die Weihe [62] des religiösen Hauptes der islamischen Gemeinde – soweit ein solches vorhanden – und muß sich weitgehend an die Scharia als die göttliche allgemein-verbindende Norm für Staat und Gesellschaft halten, doch ansonsten ist er der eigentliche Machthaber im Staat. Der Sultan konnte sich fortan an zwei Institutionen halten, um neue Gesetze zu erlassen: Igtihad (Rechtsschöpfung durch die Schrift- und Rechtsgelehrten) und maslaha (Gemeinwohl, öffentliches Interesse, Staatsräson). Wenn also maslaha es erforderlich machte, initiierte der Sultan neue Gesetze, wobei es die Aufgabe der Fuqaha war, diese als nicht der Scharia widersprechend zu legitimieren. Der theo-absolutistische Staat also, von der Seite der feststehenden, ewigen Gottesgesetze stationär gehalten, hatte es mit der Zeit herausgefunden, kraft der beiden oben erwähnten Institutionen doch eine gewisse Dynamik sich zu sichern. Die Theorie, die nunmehr die Einheit und zugleich das Spannungsverhältnis beider Mächte zum Ausdruck brachte, war die Zwillingstheorie von Staat und Religion. „Religion und (weltliche) Macht (ad-Daula) sind Zwillinge ... deshalb sagt man, daß Religion die Grundlage und Macht der Schützer sind."[63] Der Einfluß der persischen Staatsidee, die die Araber vor allem seit Abbasiden (749/50-1258 n. Chr.) übernahmen, ist unverkennbar. Der Identitätstheorie von Staat und Religion, die aus Mohammad´s Lehren und Praktiken resultierte, setzte

28

die alt-iranische Staatsidee eine Nicht-Identitätstheorie entgegen. „Nach A.K.S. Lambton gehen alle politischen Theorien im Islam von der Annahme aus, daß die islamische Regierung kraft eines göttlichen, auf das religiöse Recht (Scharia) gegründeten Vertrages existiert. Nach dieser Definition beruht der islamische Staat auf göttlicher Offenbarung, seine Existenz entspricht Gottes Gebot, wie es im Koran und in der Überlieferung, auf die das religiöse Recht sich gründet, niedergelegt ist. Staat bzw. Regierung und islamische Gemeinde sind also identisch. Auf den vorislamischen Staat, auf den die persischen Staatstheoretiker und Staatsmänner der islami-schen Zeit sich berufen, trifft dies nicht zu." [64] Die Nicht-Identitäts-theorie der Perser hat in der Folge einen wesentlichen Einfluß auf die Herausbildung des Nationalstaates bewirkt. [65]

Die Idee der Theo-Demokratie wurde frühzeitig durch die Harigiten laut, die aus dem allgemeinen Kalifat der Menschen eine Staatsform resultierten, in der praktisch jeder Muslim durch den demokratisch zustandekommenden Konsensus der Gemeinde ohne Rücksicht auf Abstammung und Geschlecht zum Kalifen werden konnte. „Das Chalifat müsse durch die Gemeinde mittels freier Wahl mit dem Würdigsten besetzt werden ... Ein ´äthiopischer Sklave´ besitze die gleiche Eignung zum Chalifen wie der Sproß der edel-sten Geschlechter." [66] Aber sowohl die Herrscher, als auch die Be-herrschten wären in dieser Staatsform an Gottesgesetzen gebunden. Die Harigiten konnten in der Geschichte trotz langer Kämpfe nicht ganz zum Zuge kommen, doch ihre Idee findet heute eine Wieder-belebung vor allem im sunnitischen Bereich des Islam, freilich un-ter geänderten historischen Vorzeichen. Zu den Hauptrepräsentanten der Theo-Demokratie zählt heute der betagte Maudoodi in Paki-stan. Ausgehend von einem Gottesbegriff, der das absolute Eigen-tums- und Besitzrecht Gottes auf Erden und im Himmel und alles Seiende betont, greift Maudoodi das bekannte Losungswort von Harigiten wieder auf, daß das Regieren (auch urteilen) dem Einzi-gen Gott gehört: - La Hukm illa li-llah al-wahid al-Qahhar! „Dem-nach hat kein Individuum, keine Familie, keine Klasse, keine Nation, ja nicht einmal die ganze Menschheit das Recht, zu regieren und Gesetze zu erlassen. Von daher bleibt dem Menschen in der islamischen Welt und in den Gebieten, wo der Islam seinen Einfluß geltend machen kann, einzig das Recht vorbehalten, all die Pflichten wahrzunehmen, die ihm als Kalifen Gottes auferlegt worden sind. Dieses Kalifat nun hat zwei Formen: Die erste ist, daß der Kalif selbst der Gesandte Gottes ist; nach der zweiten Form ist der Kalif derjenige Muslim, welcher alles befolgt und durchsetzt, was der Gesandte Gottes als göttliche Gesetze (Scharia) verkündet hat, und alle Personen, die an diese Gesetze glauben und ihre Eignung und Begabung frei der Befolgung des Gesandten Gottes erwiesen haben, sind bei der Verwaltung der Belange des Kalifats gleich." [67] Die Gleichheit aller vor dem göttlichen Gesetz, die Übereinstimmung der Gläubigen in der Muslimgemeinde bei der Bestellung der Regierenden (des Kalifen usw.) und die „Rücksichtnahme des Regierungsapparates auf die öffentliche Meinung der Muslime" [68] bilden so ziemlich die demokratischen Elemente dieser ´Theo-Demokratie´. Sie ist jedoch bei Maudoodi als der kontradiktorische Gegensatz jener politischen Ordnungsform konzipiert, die „auf absoluter Autonomie und Freiheit des Menschen ..." aufgebaut ist. [69]

II – 5: Der Sufismus:

Macht der Liebe kontra Macht des Gesetzes:

Dieser außerordentlichen Entmachtung und Geringschätzung des Menschen bei gleichzeitiger Verabsolutierung göttlicher Gesetze durch deren Sachwalter, Hüter und Interpreten „die Fuqaha", haben die Sufis im Islam, vor allem aber die Radikalen unter ihnen, heftig entgegengewirkt. Die Idee der absoluten Allmacht Allahs und ihre islamische Kehrseite, nämlich das Bewußtsein unbedingter Abhängigkeit und Ohnmächtigkeit des Menschen hatte Mohammad vorzüglich als eine Rechtfertigungsideologie für seine revolutionäre Staatsgründung in Medina gedient: Die Legitimität bestehender

30

Verhältnisse und herrschender Mächte wurde durch die neue Offenbarung in Frage gestellt und die Etablierung eines neuen politisch-
gesellschaftlichen Systems direkt mit dem Willen Allahs identifiziert und somit gerechtfertigt. Dies scheint bei Zaehner, der die
Weltreligionen grob in zwei große Gruppen: prophetische und mystische teilt, ein allgemeines Kennzeichen prophetischer Religionen zu sein: „Der Prophet – bringt, oder glaubt, von einem sehr
persönlichen Gott eine Botschaft zu bringen, auf die er keinen Einfluß hat ... Die Botschaft enthält zwei Elemente, Drohung und Trost."
[70] Diese dissonanten Elemente verdrängen bzw. zerstören das ´har-
monische´ Element, das von mystischen Religionen vermittelt wird.
[71] „Sowohl Judentum wie Islam sind prophetische und gesetzes-
orientierte Religionen. Gott erwählt Propheten durch welche er sich
offenbart und ein detailliertes Gesetzessystem bekanntgibt ... Den
Christen ist Jesus menschgewordener Gott, und deshalb kann das
Christentum nicht einfach als prophetische Religion eingestuft werden. Von Anbeginn beinhaltet es ein mystisches Element." [72]

Nach Mohammad´s Ableben wurde das Herrschaftsgebiet des
Islam mit ´wunderbarem´ Erfolg auf weite Teile der damaligen zivilisierten Welt, meist durch heilige Eroberungskriege, ausgedehnt;
den vielschichtigen Bedürfnissen des neuen Reiches entsprechend
wurden zu den kargen unzureichenden koranischen Gesetzen immer neue Gesetze auf dem Weg von ´Hadit´, d. h. durch Auslegung
von Aussprüchen und Taten des Propheten selbst, hinzugefügt und
sie zu großen Kompendien islamischen Gesetzes ´figh´ ausgebaut.
Fortan diente die lückenlose Gesetzesherrschaft dem jeweiligen re-
ligiös-politischen Establishment als Legitimationsbasis für die Kon-
servierung herrschender Verhältnisse, denn sie war der unmittelbare ewige Ausdruck des göttlichen Willens, dem sich die Menschen
frag- und willenlos zu unterwerfen hatten. Nur wer in dieser Welt
die Gesetze peinlich genau befolgte, könnte auf ein Heil, auf eine
Belohnung im Jenseits hoffen. Bei der Äußerlichkeit und dem Formalismus dieser Werkfrömmigkeit lag der Schluß nahe, daß der
Gehorsam Gott gegenüber mit dem Gehorsam gegenüber der Ob-
rigkeit identisch sei; denn wer eigentlich die Gottesgesetze befol-

gen wollte, durfte nicht umhin, das religiös-politische Establishment zu befolgen, welches als Hauptinstrument zum Schutz und zur Vollstreckung göttlicher Vorsehung interpretiert wurde. [73]

Der Sufismus nun ist die große mystisch-aufklärerische und antiautoritäre Bewegung im Islam, die sich von unten gegen die theokratische Despotie und deren eigentliche Apolegeten, die Orthodoxie entwickelte; diese seine politische Seite samt der politiktheoretischen Implikationen wurde bisher in der Literatur kaum beachtet. Man hat vielmehr die allgemeine geistesgeschichtliche Bedeutung des Sufismus in den Mittelpunkt der Untersuchungen gestellt.

Doch das zentrale Thema der Auseinandersetzung der Sufis mit der Orthodoxie, nämlich die ´Schari´a (Gesetz) zeigt eindeutig, daß sie zielbewußt die Machtkonzeption des offiziellen Islam und die damit verbundene politische Theorie und politische Praxis der herrschenden Klassen attackiert haben. Für die Orthodoxie resultierte aus der Allmacht Gottes der Satz, daß der Mensch von der Schöpfung her ein Sklave Gottes sei. Dem Status dieses Sklaven entsprechend bildete die ´Schari´a´ den mit Geboten und Verboten abgesteckten Weg, der ihm von Gott her vorgeschrieben war. So wie eine Befreiung von diesem ontologisch gedachten Status unmöglich erschien, so konnte auch unmöglich die ´Schari´a´ in Zweifel gezogen werden. Besser kann man diese Theorie nicht in wenigen Sätzen ausdrücken, wie Scheich al-kabir, selbst ein gemäßigter Sufi, der gegen die Radikalen in seinen eigenen Reihen polemisiert hat, es getan hat: „Die Freiheit von der Sklaverei ist eitel; d. h., wenn jemand sich dünkt, daß der Sklave frei sein sollte, daß also der Mensch von den religiösen Gesetzespflichten (taklifat-i Schar´a-i) befreit sein sollte, ist ein eitler Wahn." [74]

Ging die Gotteslehre des offiziellen Islam von einer abstrakten Gottestranszendenz aus, so erklärten die Sufis das ganze Sein insofern für göttlich, als die Vielheit gemäß der Emanationslehre Plotins von dem ursprünglichen Einen entstanden war. [75]

32

Nach dieser Seinslehre erschien Gott nicht mehr als ein über der Welt ´hockendes Abstraktum´, sondern das ganze Weltall selbst war „die Ausströmung der göttlichen Kraft." [76]

Um diese Reaktion besser zu verstehen, muß man sich noch einmal vergegenwärtigen, welche Konsequenzen die Vorstellung der Orthodoxie über die Gotteseinheit (tauhid) und die Gottesallmacht ausgelöst hatten. „Je mehr man nämlich den Begriff der Einheit und Einzigkeit Gottes vernunftmäßig ausdenkt, je mehr man ´um alle außer Gott bestehenden, wirkenden und verehrungswürdigen Wesen oder Mächte auszuschließen, alle Existenz, alle Ursächlichkeit auf ihn konzentriert, je mehr man allem, was außer ihm besteht und wirkt, reales Dasein und tatsächliche Wirkungskraft abspricht, desto mehr entschwebt dieses Gottesbild dem menschlichen Vorstellungsvermögen, desto abstrakter, blasser, farbloser, unfaßbarer wird dieser Eine, neben dem es nichts anderes geben soll. Mit anderen Worten: je mehr dieser Monotheismus „zur Weißglut erhitzt" (H. Kraemer) wird, desto mehr wird alles Persönliche, Lebenswarme, Menschennahe in diesem Gottesbild gleichsam von dieser Überhitzung verzehrt." [77]

Die Leidenschaft der Superlative kommt auch bei dem zweiten Hauptsatz der Gotteslehre der islamischen Orthodoxie ´der Allmacht Allahs´ zum Vorschein. Es zeigt sich auch hier, daß das Streben, zu Gottes Ehre alle Ursächlichkeit auf ihn zu häufen, unausweichlich zum Dogma von der absoluten doppelten Prädestination führen mußte. Dabei ist es entscheidend, daß sowohl Gnadenwahl als auch Verdammungsurteil nicht nur in keinem sittlichen Zusammenhang mit dem Leben des Menschen stehen (dadurch wäre ja eine Ursache außer Gott angenommen), sondern, daß sie auch unbeeinflußt von jeder Gemütsbewegung im Innern Allahs erscheinen. Sie sind grundlose Entscheidungen seiner Willkür, rein zufälliger Geschehnisse, bei denen das Herz Gottes völlig unbeteiligt bleibt ... Macht wird also zur Willkür, Erhabenheit zur Herzlosigkeit ... Das Bild, das der mohammedanische Gläubige von seinem Gott haben muß, ist dasjenige eines unerreichbar erhabenen, eines unberechenbaren orientalischen Sultans." [78]

Die Sufis nun setzten ihre Vorstellung von einem persönlichen und mit dem ganzen Sein identischen Gott, dem strengen und abstrakten Monotheismus der offiziellen Dogmatik entgegen: [79] Das Sein ist ganz Gottes liebes Wesen. Alle Dinge in Ihm, Er in allen anwesend. [80]

In beiden Welten gibt es außer Gott keinen. [81] Von den drei in der Religionsgeschichte und in den spekulativen Grübeleien über die Schöpfung vorgetragenen Vorstellungen: Schöpfung, Entstehung und Ausströmung, lehnten die Sufis die erste strikt ab, wonach der Schöpfer als ein Uhrmacher und der Mensch (sowie die Welt und die übrige Kreatur) als eine kunstvoll hergestellte Uhr vorgestellt wurden. [82] Diese Vorstellung ließ nicht nur das religiöse Gemüt unbefriedigt, sie implizierte auch in ihrem Begriff vom Geschöpf als einem Uhrwerk die Momente ewiger Unfreiheit und für den Menschen zudem die des Freiseins vom sittlichen Verhalten. Diese Lehre, an die politisch-gesellschaftliche Sphäre angewandt, bedeutete dann, daß die politische und die eng mit ihr verbundene klerikale Despotie insofern berechtigt und legitim sei, weil sie in Gottes Namen für das reibungslose Funktionieren dieses seel- und willenlosen Uhrwerkes in der Welt verantwortlich sei. [83] Es lag also auf der Hand, daß, wenn man diese politischen und religiösen Autoritäten in Frage stellen wollte, dann mußte man ihrer Gottes- und Schöpfungsvorstellung entgegenwirken. Diese spezielle Leistung vollbrachten die Sufis, indem sie die biblischen Ideen von einem personalen Gott mit der neuplatonischen Emanationslehre, ja mit altem persischen Gedankengut des Mazdaismus zu einer eigentümlichen Lehre verbanden. [84]

Im Gegensatz zum Schöpfungsgedanken suggeriert der Begriff der Entstehung mit dem Vater-Sohn-Verhältnis sowohl das Moment der Identität, als auch das der Nichtidentität; er verbindet beide Momente der Transzendenz und Immanenz miteinander, während der

Begriff der Emanation bei der Vernachlässigung des voluntaristischen Schöpfungsakts lediglich die Gegenwärtigkeit Gottes in allem zum Inhalt hat.

Aus der Seinslehre zogen die Sufis dann den wichtigen Schluß, daß die Seele göttlichen Ursprungs sei. Damit war wieder die Würde des Menschen rehabilitiert, der nach der Schöpfungsidee zu einem bloßen hergestellten Gut herabgesetzt war. Das hergestellte Gut befindet sich nun einmal im Eigentum Gottes und damit in absoluter Herrschaftsgewalt des Herrn, wogegen die Erklärung der Seele als göttlich, die Präsenz Gottes im Menschen mitdenkt und damit sowohl das Eigentumsverhältnis als auch das Herr- und Knecht-Verhältnis zwischen Gott und Menschen ad absurdum führt. [85] Sehr zum Ärger der Orthodoxie, die Gott lieber fern haben wollte, damit sie in dessen Namen auf der Erde die Herrschaft ausüben konnte, war nun Gott überall und in jedem anwesend, und brauchte weder sich selbst Gesetze aufzuerlegen noch durch irgendwelche Vermittler zu sich zu finden. Nicht von ungefähr galt nunmehr die Lobeshymne der Sufis der Liebe. Denn nicht die Herrschaft – in welcher Form auch immer die Orthodoxie dies auslegte – sondern die Liebe sei das Prinzip der Einheit des Seins. Wie alles von dem einen göttlichen Ursprung herkommt, so strebt alles nach diesem Einen hin. Damit ist die Liebe nicht nur die Kraft des Zusammenhalts des Seins, sondern auch die eigentliche Triebfeder aller Bewegung und der Entwicklung des Materiellen zum Menschlichen und des Menschlichen zum Göttlichen. [86] In der Liebeserfahrung sei der Liebende unmittelbar in Liebe mit dem Geliebten eins; zwischen ihnen seien alle Entfremdungen aufgehoben. Dies sei keine Seelenwanderung (= hulul), wie die ahnungslosen Fughaha und Theologen vortragen – sagt ´ayn al-Quddat – sondern die höchste Stufe der Einheit. [87]

Die Sufis setzten bewußt ihre ´Religion der Gottesliebe´ der offiziellen ´Religion der Gottesgesetze´ entgegen und versuchten, selbst mit ihrem Leben den Nachweis zu erbringen, daß die Liebe weit das Gesetz (= schari´a) übertrifft. Durch die Annahme einer Dialektik

der Liebe zwischen Gott und Mensch stülpten sie das koranische Verhältnis von Herr und Knecht radikal um. Das Gesetz, und selbst die Prophetie wurde bei ihnen als Barriere (Schleier = Higab) zur wahren Gottesliebe und Gotteserkenntnis angezeigt:
Seit Herrschaft und Knechtschaft ersichtlich, wurde von diesen Schleiern die Liebe verdeckt. [88]
oder:
Der Liebessänger singt beim Reigentanz:
„Knechtschaft ist Fessel, (göttliche) Herrschaft ist Schmerz!"[89]

ʿayn al-Quddat [90] machte den Gesandten Mohammad selbst für den Unglauben verantwortlich, der für ihn mit dem offiziell praktizierten Islam wohl identisch war. In Metaphern und Gleichnissen argumentierte er folgendermaßen: Das Schöne für den wahren Mystiker sei die göttliche Schönheit, die Schönheit des Lichts des Einzigen. Würde das Herz aber sich in die schönen Gesichtszüge Mohammads versehen, die vom göttlichen Licht erstrahlt sind, so könnte es in die Irre geleitet werden und dem Unglauben verfallen. Konsequent fügt er dann hinzu: „ja durch die bestechende Schönheit Mohammads, des Gottesgesandten, sind alle Gläubigen zum Unglauben verleitet worden und keiner weiß darüber Bescheid." [91]

Mit diesem selbstmörderischen Angriff auf das höchste Tabu des orthodoxen Islam, die Person Mohammads in irgendwelche Zweifel zu ziehen, besiegelte ʿayn al-Quddat seinen Märtyrertod wie Hallag. Da die Fuqaha und Theologen sich hinter einer rational-dogmatischen Fundierung (im Islam Kalam genannt) der Gesetzesreligion verschanzt hatten, so wurde die Liebe gedacht als Gegensatz der Vernunft zu einem gängigen Thema der Auseinandersetzung der Sufis mit orthodoxen Theologen. Das rationale Kalkül, daß man Gott fürchten muß aus Angst vor Strafe und ihm gehorchen und dienen muß in Hoffnung auf einen jenseitigen Lohn, lehnten die Sufis mit der Begründung ab, daß man Gott um seinetwillen lieben sollte. Von Schebelli, einem berauschten Sufi, erzählt man, daß er eine Fackel in der Hand hielt, deren beide Enden angezündet

36

waren. Er sagte, er wolle mit dem einen Ende die Hölle und mit dem anderen das Paradies in Brand stecken, damit das Volk sich nur mit Gott befassen könne. [92] Die Sufis schlußfolgerten aus dem Gegensatz der Liebe und Vernunft den gewagten Satz, daß die Liebe ohne (göttliches) Gesetz und das (göttliche) Gesetz (= scharí´a) ohne Liebe wäre. „Was die Sufis wirklich aus dieser Aussage deduzieren wollten, war die Priorität und Evidenz einer dieser zwei Kategorien; ihr eigentliches Anliegen war, nachzuweisen, daß die religiöse Substanz weder mit Gesetz, noch mit Moral, weder mit theoretischer Vernunft, noch dem Formalismus irgendwelcher Gesetzesreligion identisch sei. Ihre Meinung stimmte insofern mit der Schleiermachers überein, weil auch nach ihm die Substanz der Religion weder mit der Morallehre, noch mit der Gotteslehre, sondern mit einem kosmischen Gefühl, einem Erlebnis der Einheit mit dem Weltgeist identisch ist." [93] Eben diese kosmische Schau der Einheit mit Gott ist es, was die Sufis die ´Religion der Liebe´ nennen; die vernünftige Tüftelei der Theologen habe im Reich der Liebe keinen Zugang, denn die Vernunft basiert wesentlich auf Unter-scheidung (zwischen Objekt und Subjekt), während die Liebe wesentlich die unmittelbare Einheit als Ziel des Daseins darstellt. Weiter hält Ibn al-´Arabi den rationalistischen Theologen, die die Vernunft vergöttlichen, vor: „Wer auf Grund von Beweisen glaubt, auf dessen Glaube ist kein Verlaß; denn sein Glaube gründet sich auf Spekulation und ist dennoch den Einwürfen ausgesetzt. Anders der intuitive Glaube, der im Herzen sitzt, und dessen Widerlegung nicht möglich ist." [94] Die Liebe schaffe erst den eigentlichen Durchbruch zu einer göttlichen Ordnung (rububijja), während die Vernunft (wohl als rationale Dogmatik der Fuqaha gedacht) eine Ordnung der Herrschaft und Abhängigkeitsverhältnisse herbeiführt (´ubudijja): „Wenn die Wahrheit offenbar wird, zieht sich die Vernunft zurück. Diese ist das Mittel zur Festigung des Abhängigkeitsverhältnisses des Menschen zu Gott (´ubudijja), aber nicht das Mittel für das Erfassen des wahren Wesens der Gottesherrschaft (rububijja)" [95] Das wahre Wesen der göttlichen Ordnung (rububijja) beruht demnach auf dem Prinzip der Liebe; und dem konträr entgegengesetzt, basiert die falsche, entfremdete Ordnung (Gottes) auf rational begründeten Gesetzen und Dogmen, also auf Herrschaft und Knechtschaft. Maulawi und mit ihm viele Sufis haben nicht gezögert, diese realiter existierende Herrschaftsordnung ('ubudijja) auf satanischen Ursprung zurückzuführen; denn für sie ist der Satan die Inkarnation realistischer Vernunft, die an äußeren Objekten behaftet bleibt und sich nie zum Begreifen göttlichen Geistes des Menschen vordringen kann:

Er (Satan) besaß Wissen, weil ihm die Liebe der wahren Religion fehlte.

Von daher sah er an Adam nichts außer einem Bild aus Ton. [96]

oder:

Er (Gott) weiß, wer selig und eingeweiht ist; denn Klugheit gehört dem Teufel und Liebe dem Menschen. [97]

Selig und eingeweiht ist also der Mensch, weil er wesentlich mit Liebe ausgestattet ist und allein mit ihrer Kraft zu Gott zurückfinden und aufsteigen kann.

Was bedeuten denn die Verschiedenheit der Konfessionen, der Riten, der Gesetze, der Dogmen für den, der in der Liebe das wahre Wesen aller Religiosität erblickt hat? Die Sufis würden antworten: Nichts!

„Weder Christ bin ich noch Jude noch Muslim." [98]

„Es werden Stimmen laut, daß in der Erkenntnis der Gotteseinheit ein einigendes Element für die Menschheit gegeben ist, während die Gesetze die Trennung hervorriefen." [99]

Goldziher fügt in der Anmerkung folgende Sätze hinzu: „Ibn Tejmijja erwähnt Sufi-Leute, die dem Propheten einen wahren Hass nachtragen, besonders dem Mohammad, weil er „Trennung (fargh) zwischen die Menschen brachte und jeden bestrafte, der sich nicht dazu bekannte." [100] Die wahre, göttliche Ökumene hat damit ihr Fundament und ihre Präsenz im Herzen der Menschen, in dem die Liebe zu Gott innewohnt. Allein die falschen Gemeinschaften der „Liebhaber von Riten" hindern sie daran, sich ungehemmt zu aktualisieren.

38

„Liebhaber der Riten sind eine Klasse, und die, deren Herzen und Seelen von Liebe glühen, bilden eine andere." [101]

Mit der Bekämpfung der falschen Ordnung der Religion, also einer theokratischen, klerikalen Gesetzesherrschaft, haben die anomistischen Sufis [102] eine allgemeine, freie und herrschaftslose Gemeinschaft konzipiert, deren Fundament, Prinzip des Zusammenhalts und Ziel zugleich die Liebe Gottes sein sollte. In dieser Gemeinschaft sollten die Menschen frei sein von formalen „Befehlen zum Billigen und Absagen des Verbotenen", frei sein also von klerikalen Verordnungen des Glaubens und des Unglaubens, kurz frei sein von Gesetzen (Schari´a); sie sollten zugleich frei sein zur unmittelbaren, persönlichen Gotteserfahrung in Liebe und durch Liebe, denn die Wege zu Gott seien so viele wie die Zahl der Menschenseelen. Wie scharf nun dieser Kampf um die genannten Freiheiten geführt wurde, und selbst an innersufische Gegenbewegungen stieß, zeigen folgende Sätze aus der Feder eines bekannten gemäßigten Sufis, al Quschejri´s: „Die Achtung vor dem Religionsgesetz hat die Herzen verlassen, ja sie betrachten die Geringschätzung der religiösen Vorschriften als das festeste Bindemittel; sie weisen von sich die Unterscheidung zwischen Erlaubtem und Verbotenem, ...achten gering die Vollziehung der religiösen Pflichten, des Fastens, des Gebetes, sie traben auf der Rennbahn der Vernachlässigung ... Damit nicht genug, berufen sie sich auf die höchsten Wahrheiten und Zustände und geben vor, Freiheit von den Fesseln und Banden (des Gesetzes) erlangt zu haben durch die Wahrheiten der Vereinigung (mit Gott). Ihnen seien die Wahrheiten der Wesenseinheit offenbar geworden; darum seien die Gesetze der Körperlichkeit für sie nicht bindend." [103]

Befehle und Pflichten (religiöse und formale) können dem nicht auferlegt werden, der durch Liebe ´ruiniert´ sei, denn „es gibt kein Tribut an ruinierten Gütern." [104]

In der Gemeinschaft der Leute der Liebe sei die freie Selbstverwirklichung eben die ´Ruinierung´ des egoistischen Selbst, worin erst eine wahre Gottverwirklichung stattfinden kann. Über den Ruinen des egoistischen Selbst (= Nafs) kann erst die Gott-Natur des Menschen triumphieren. „Der Sufitum geht demnach in der Aufstellung des Ziels menschlicher Seelenvollkommenheit, in seiner Bestimmung des summum bonum um einen Schritt über das Ideal der Philosophen hinaus. Ibn Sab´in aus Nurcia (st. 668/1269 in Mekka), Philosoph und Sufi, dem die „sizilianischen Fragen" des Hohenstaufen Friedrich II. (+ 1250) zur Beantwortung vorgelegt waren, findet dafür die Formel: daß die alten Philosophen das Ähnlichwerden mit Gott als das höchste Ziel aufstellten, während der Sufi das Aufgehen in Gott erreichen will durch die Fähigkeit, die göttlichen Gnaden auf sich einströmen zu lassen, die Sinneswahrnehmungen zu verwischen und die geistigen Eindrücke zu reinigen." [105]

Die Idee des ´vollkommenen Menschen´, die im Islam generell, und im Sufismus besonders, eine zentrale Rolle gespielt und schließlich in der Philosophie von ´Abd al-Karim Djili (767 H. – 811 H.) ihre systematische Darstellung gefunden hat (´Al-insan al-Kamil´ ist der Titel seines bekannten Buches), ist ein beredtes Zeugnis von denjenigen positiven Einflüssen, die von der altiranischen Zarathustrareligion an den Islam ausgeübt worden sind. [106] In der durchaus ethisch-aktivistischen, welt- und lebensbejahenden Zarathustrareligion erscheint der Urmensch 'Gayomard´ als Prototyp und Ursprung der Menschheit in dem großen Drama der Weltentstehung neben Gott in einem unversöhnlichen Kampfe gegen die bösen Mächte; dieser ´gerechte Mensch´ (so wird der Urmensch schon in Awesta genannt) ist von Anfang an ein Teil göttlicher Macht, kraft deren Wirken erst die Schöpfung zu ihrem Endzweck, dem umfassenden und endgültigen Sieg des guten Prinzips, geführt werden kann. [107]

Später kommt zu der Gestalt des göttlichen Urmenschen neben der ursprünglichen kosmologischen Bedeutung durch Gnosis, frühchristliche Sekten, Manichäismus und neuplatonisches Gedankengut auch eine soteriologisch betonte Funktion hinzu und gelangt über komplizierte und von der Forschung noch nicht ganz erhellte Wege als die Idee des <u>vollkommenen Menschen</u> in den Islam. [108] Hier prägt sie das Mohammadbild des Muslims, das Charisma der ʿalidischen Imame und das Ideal und die hohe Bewertung des Menschen bei den Sufis.

Bei den Sufis wird die Idee des allgemeinen Kalifats des Menschen auf Erden durch die Vorstellung des vollkommenen Menschen ad absurdum geführt: Wenn die Substanz des Menschen wesentlich göttlich ist, wenn also sein Geist vom göttlichen Geist entstammt, und wenn die Verwirklichung dieses göttlichen Seins prinzipiell hier und jetzt, d. h. in der weltlichen Existenz möglich ist, so liegt der Schluß nahe, daß der Mensch zum Ursprung einer unendlichen Macht und Weisheit wird, wenn er sich vollkommen, d. h. ungehindert verwirklichen kann. Denn für den Sufi gilt, daß Gott im Menschen lebt; und wenn Gott im Menschen lebt, so ist die Selbstverwirklichung eben nichts anderes als eine Gottverwirklichung.

Vom offiziellen, und d. h. dem herrschenden Gesetzesislam her, ist der Mensch angehalten, sich auf dem einzig zulässigen, von Gott für ewig abgesteckten Pfad der Gesetze zu verwirklichen; Gott erscheint hier also als die Schranke der Selbstverwirklichung des Menschen, während bei Sufis völlig umgekehrt die Schranke der Gottverwirklichung der Mensch selbst ist. Dort kann der Mensch nie ganz das Mysterium des Göttlichen erfassen, während hier die göttliche Substanz des Menschen um sich selbst wissen kann.

Dort hofft der Mensch im treuen Vasallenverhältnis die Gnade Gottes auf sich zu lenken und im absolutistisch regierten Reich Gottes in ständiger Furcht mit der ihm zukommenden Amtsmacht die Welt zu verwalten, während hier weder von Furcht noch von Hoffnung die Rede sein kann, denn Gott ist mit aller Machtherrlichkeit im Menschen bei sich selbst und das einzig vermittelnde Medium zwischen den beiden Momenten dieser Wesenseinheit – dem Menschlichen und dem Göttlichen – ist die Liebe. Daher würde der Sufi von dem Menschen sagen: „Ich bin die einzig herrschende Macht in beiden Welten, sowohl im Diesseits als auch im Jenseits; in beiden Welten sehe ich keinen, vor dem ich Furcht haben oder von dem ich die Hoffnung auf Gnade hegen könnte; überall sehe ich mich selbst." [109] Mit den bekannten Worten Bastami´s: „subhan (ein Name Gottes) bin ich; was ist noch erhabener als meine Würde." [110] Während also, die um das Gesetz Wissenden (= Fuqaha), mit dem Gesetz wesentlich das Moment der Herrschaft betonten, betonten die islamischen Mystiker und allen voran die Sufis mit der Liebe wesentlich das Moment der Freiheit. Müßte bei den ersten das Gesetz das unabänderliche Fundament der islamischen Gesellschaft bilden, so sollte bei den letzten die Liebe den Grundtypus aller gemeinschaftlichen Interaktionen ausmachen. Freilich haben die Sufis keine politische Ordnungsform entwickelt bzw. entwickeln wollen, aber ihr Kampf gegen die klerikale Verknechtung des Menschen liefert genügend Beweise dafür, daß ihnen eine ´freie Gemeinschaft der Liebe´ als Alternative vorgeschwebt haben soll, die eben nicht mit den Mitteln des politischen Machtaustrages zu erreichen wäre. Hier sollte die Liebe das Prinzip und das Maß aller Tugenden bilden und nicht die sklavische Befolgung religiöser Gesetze. Glaube und Unglaube (Kufr und Iman), sagt Bastami gehören der körperlichen Hülle an, während demjenigen, der die Liebe des Weltenveränderers entdeckt hat, keine Befehle und Pflichten auferlegt werden können. [111] Demnach wäre nicht die von ´Ulama gepredigte Gottesfurcht die Basis aller Tugenden, sondern die durch Liebe angestrebte Wesenseinheit mit Gott. Diese sei prinzipiell eine persönliche und innere Angelegenheit des einzelnen, die frei von allen äußeren Zwängen sein soll. Von daher sei die staatliche Verordnung des Glaubens, eine zum Staat erhobene Religion also, sei es auch durch den Propheten selbst, der gröbste Unfug auf dem Wege der unmittelbaren Gottesanschauung. Propheten haben die Menschen geteilt, statt sie zu einigen. Über alle Konfessionen hinweg könnte und sollte deshalb einzig die Liebe zu Gott das verbindende Element der Menschheit bilden. Die anfänglichen Schritte der Individuen auf den Liebesweg zu Gott, auch wenn sie mit allerlei Äußerlichkeiten und

42

Akzidentien behaftet sind, sollten toleriert und liebevoll durch die Kraft des besseren Beispiels entwickelt, jedoch nicht unterdrückt werden. [112]

Obwohl die Sufis im Gegenteil zur herrschenden ´Fuqaha´ die unendliche, göttliche Macht des Menschen betonten, schienen sie nicht geneigt zu sein, davon gesellschaftlichen Gebrauch machen zu wollen. Vielmehr setzten sie alles daran, die Macht in Demut, in Liebe umzusetzen [113] und verzichteten bewußt auf gesellschaftliche Statussymbole, um die Kristallisierung der Macht und damit die gesellschaftliche Institutionalisierung der Herrschaft zu verhindern: Sie vertauschten ihre schönen Kleider mit ´Suf´ einer einfachen wollenen Robe; [114] sie mieden das gelehrsame Reden und Auftreten und vernichteten sogar ihre Bücher; [115] sie verzichteten auf Anhang und Beifall des Publikums; [116] sie übten sich in der Askese (zuhd) und lebten von den Erträgen ihrer eigenen Arbeit, statt sich übermäßiges Eigentum und übermäßigen Reichtum anzulegen; [117] sie prangerten offen und geheim die weltlichen uönd religiösen Machthaber an und mieden ihre Gesellschaft; [118] sie ließen sich sogar öffentlich erniedrigen, was manchen von ihnen den Beinamen ´die Gescholtenen´ (malamatiya) einbrachte; sie betonten die fröhliche Seite des Lebens und praktizierten in ihren Reihen – sehr zum Ärger der ´Ulama – Musik, Gesang und Tanz und entwickelten die mystische Poesie zu Meisterwerken der Dichtkunst. [119]

Auch wenn der Sufismus keine im eigentlichen Sinne religiöspolitische Partei im Islam war, bildete sein geistiges nachhaltiges Wirken ein Politikum ersten Ranges. Aus der bedingungslosen Verwerfung der Idee der Theokratie, sei es in der Form des Kalifats, des Sultanats oder einer weitgehend an Gottesgesetzen orientierten Theo-Demokratie, durch die radikalen Sufis konnte eigentlich nur noch eine staats- und herrschaftslose Gemeinschaft resultieren, die den Forderungen des individualistischen Anarchismus gleichkommt. Die Liebe ist hier sowohl das integrative Element der Gemeinschaft als auch der Motor ihrer Entwicklung. Selbst das Satanische, als

43

Inbegriff des Bösen – von der Orthodoxie als ideologisches Instrument der Herrschaft benutzt – erfährt bei Sufis eine überraschende Deutung zum Guten, denn er, der Satan, handelte aus Liebe zu Gott, als er den Befehl verweigerte, Adam zu verehren. Soweit aber die Sufis die Notwendigkeit des Gesetzes und der staatlichen Form der Herrschaft in Betracht zogen, taten sie es in Hinblick auf die Erfordernisse der körperlichen Existenz der Menschen. Hier konnte man denn aus ihren Ansätzen schlußfolgern: Ein weitgehend liberaler, pluralistischer Staat, der den Anforderungen der Toleranz Genüge leistet, die individuellen, persönlichen Wege zum Heil respektiert, mit keinen ewigen Gesetzen die Entwicklung der Gemeinschaft verbarrikadiert und keine staatlich totalitäre Verordnung der ´Wahrheit´ und damit der geistigen Versklavung der Menschen vornimmt. Der amorkratische Anarchismus bzw. der amorkratische Liberalismus, das sind die eigentlichen politischen Konsequenzen der sufischen Bewegung in der islamischen Welt, die erstmals auf einen Laizismus hinauslaufen. Diese Konsequenzen konnten freilich von den Sufis im Mittelalter nicht ganz und offen gezogen werden;

aber heute im Zeichen der islamischen Renaissance beziehen sich Teile der islamistisch orientierten Intelligenz auf diesen geistigen Hintergrund und versuchen aus den Ansätzen und Einflüssen der Sufis in der Auseinandersetzung mit modernen politischen Theorien, neue politische Konzeptionen und Programme zu entwickeln.
[120]

II – 6: Das besondere Kalifat: Macht der Eliten

Die Idee der Macht bekommt im Schiismus eine andere Wendung, indem hier zum allgemeinen Kalifat des Menschen das besondere Kalifat der Imame hinzutritt. [121] Die Annahme vom besonderen Kalifat (Kalifat-i Hass) selbst wird vom Begriff der ´Wilaya´ abgeleitet, der den Wesensgehalt des Schiismus schlechthin ausmacht. Dieser Begriff bringt ein stark elitär-aristokratisches Element in die islamische Vorstellung von der Macht: Zwischen die absolute Macht Allah´s und die im Rahmen göttlicher Normen und Gesetze (Schari´a) auszuübende Amtsmacht des Menschen schiebt sich eine weitere Machtinstanz, das Imamat; Gottes absolute Macht also bleibt aus schiitischer Sicht zwar weiterhin erhalten und wirkt immerfort, doch ein Kreis auserwählter Personen (Imame) seien in besonderer Weise deren teilhaftig und führen mit dem Allmächtigen kosmogenetisches (takwini) und temporales Regiment. Zu diesen beiden Machtfunktionen kommt die soteriologische hinzu, die einem entrückten Imam vorbehalten sei. (Mahdi). [122] Im grellen Lichte der Machtfülle schiitischer Imame verblaßt selbst die gewisse, im Koran betonte Amtsmacht des Menschen, die ihm faktisch, d. h. auf Erden zusteht, zumal wenn man die ontologische Ohnmacht des Menschen im Islam in Rechnung stellt; denn der Mensch erfährt selbst bezüglich seiner Realhistorie [123], daß er unfähig, machtlos sei, sie vernünftig, tugendhaft und gerecht zu gestalten, so daß am Ende, und d. h. bei nicht zu überbietender ´Korruption´ schließlich eines Imam Mahdis bedarf, um in einer von ihm errichteten ´gerechten Weltordnung´ von Leid, Repression und Elend erlöst zu werden. Das ist die andere Seite der Machtfülle der Imame, die ihrem Anhang (Schi´a) die politische und gesellschaftliche Machtentfaltung (im Sinne der Amtsmacht des allgemeinen Kalifats des Menschen) abspricht und ihm eine rein imitative und fraglose (d. h. irrationale) Gefolgschaft abverlangt. Der Glaube an die über Zeit und Raum stehende Prärogative der Imame bewirkte, daß die „sub specie aeternitatis betrachtete politische Idee ins Transzendente entrückt war. In den laufend von der Geschichte gestellten einzelnen Wirklichkeitsfragen des Alltags erhielt man freie Hand für eine aller Bedenken ledige Opportunitätspolitik." [124] Während der Sunnit nur einen Staat, ein Kalifat kannte, um dessen Rechtmäßigkeit er zu sorgen hatte, ging der Schiit von einer Zwei-Staaten-Theorie aus: Der ideale, sakrale, überzeitliche Staat (das besondere Kalifat) der Imame und der irdische, prophane Staat der Menschen, der immer entweder ganz zu verwerfen oder zumindest für die Interessen der schiitischen Gemeinschaft auszunehmen ist. So hat Strothmann mit

Recht festgestellt: „Für den Sunniten lag immer die Gefahr vor, in innere Abhängigkeit von politischen Personen, oder doch in innere Zwiespältigkeit ihnen gegenüber zu geraten. Der Schiit kannte <u>keine Bindungen</u> ... Sie (d. h. die Zwölfer-Schiiten) hatten im entrückten zwölften Imam den ihre Rechtgläubigkeit und damit ihr Seelenheil verbürgenden ´Herrn der Zeit´ ... Es lag in der Natur der Sache, daß Chalifen, die der großen Masse noch am ehesten als rechtgläubig galten, ihnen dabei mehr im Wege standen, als ganz fremde Eroberer. Sie waren <u>Staat im Staate</u> und konnten mit neuen Gewalten eine Interessenkoalition eingehen ..." [125] Der Ausdruck Strothmanns, Staat im Staate, betrifft den Sonderstatus der schiitischen Gemeinde innerhalb der islamischen Welt; er bedeutet aber keinesfalls, daß die Schiiten tatsächlich einen Staat innerhalb des umfassenden islamischen Kalifats für sich gehabt hätten. [126] Was den Zwölfer-Schiismus anbetrifft, so wurde er viel später und zwar erst zu Beginn des 16. Jahrhunderts durch die Dynastie von Safawiden in Persien zur Staatsreligion erhoben. Auch in dieser Form wirkte die schiitische Zwei-Staaten-Theorie weiter: Denn die eigentliche, wahre Herrschaft, die von den Imamen seit dem Abschluß aller Prophetie durch Mohammad ausgeht, überschattet alle geschichtliche Konkretion und staatliche Wechselfälle bis zum ´Ende der Zeiten´ (Ahir az-Zaman), wo der 12. verborgene Imam Mahdi erscheint und die himmlischen und irdischen Gewalten in eine einzige gerechte Ordnung vereinigt. Hier erst fallen beide Staaten zusammen; hier erst hört der irdische Staat auf, von allen, sei es auch so minimalen Residuen der Usurpation frei zu werden. Der Terminus Technicus für den Zusammenfall der sakralen und temporalen Macht, für den idealtypischen Staat im Sinne der Schiiten ist ´Wilayatiya´; ein Begriff, der am besten durch Ayatollah Na´ini am Anfang dieses Jahrhunderts während der konstitutionellen Revolution im Iran (1906-1911) ausgearbeitet worden ist. [127] Das idealtypische Gegenstück zur Wilayatiya sei, so Na´ini, die auf Usurpation der Rechte des Volkes, des Imams (des Verborgenen) und Gottes basierende staatliche Ordnungsmacht, die ´tamlikiya´. ´tamlikiya´ heißt eigentlich eine Art ´Besitzerherrschaft´; die Auffassung der staatlichen Herrschaft als Besitz, die Degradie-

46

rung der Rechte der Untertanen auf Leben und Eigentum, als wären sie Eigentum der Herrschenden. [128] Demgegenüber sei vom Standpunkt der ´Wilayatiya´ die staatliche Macht kein den Herrschenden (bzw. dem König) zustehendes Eigentum, sondern ein allgemeines, öffentliches (nu´iya) Gut, welches zur treuhänderischen Ausübung den Herrschenden <u>anvertraut</u> (amana) worden ist. [129]

Angesichts dieser beiden Modelle staatlicher Macht, die Na´ini ausarbeitet, könnte man sagen, daß die geschichtliche Realität temporaler Herrschaft zwischen diesen Polen hin und her schwankt: Die Wilayatiya pervertiert zur Tamlikiya, sobald die Macht und der Herrschaftsauftrag nicht als ein anvertrautes Gut angesehen und gehandhabt wird, sofern also eine der drei Rechtssphären (Gottesrecht, Imamrecht und Volksrecht) usurpiert (qasb) wird. Oder umgekehrt gesprochen: die verschiedenen Ausformungen von ´Tamlikiya´ haben ihren Ursprung in verschiedenen Graden der Usurpation; die schlimmste Regierungsform ist diejenige, die alle drei Rechtssphären verletzt und in unrechtmäßiges usurpatorisches Eigentum überführt. Der denkbar schlechteste Zustand, in dem sich aber eine Gesellschaft befinden kann, ist, sowohl für die schiitischen wie auch die sunnitischen Theologen und die Politikdenker, der Zustand der Staatslosigkeit, die Anarchie und Untergang zur Folge hat. So zitiert Ibn Taymiya im 14. Jahrhundert das Hadit von Mohammad „sechzig Jahre eines ungerechten Imams sind besser als eine Nacht ohne Sultan." [130] Für den schiitischen Theologen und Staatsdenker Na´ini ergab sich aus dem Gesagten, daß 1. die verschiedenen Ausgestaltungen und Erscheinungsformen einer unrechtmäßigen ´Besitzesherrschaft´ immer noch der Anarchie vorzuziehen seien, auch wenn der Anspruch der Schiiten auf eine reine ´Wilayatiya´ hinausläuft, und daß man 2. verpflichtet sei, den Grad der Usurpation zu vermindern, sobald eine geschichtliche Situation dies erforderlich und möglich macht. Mit dieser Theorie des reduzierten Usurpationsgrades nun rechtfertigte Na´ini den Verfassungsstaat, die Volkssouveränität, die parlamentarische Regierungsform, kurz, die konstitutionelle Monarchie, die den Absolutismus von

Ghadjaren im Iran ablösen sollte. Der Absolutismus weise, so Na´ini drei Arten von Usurpation auf: die des Gottesrechts auf absolute Herrschaft und Souveränität, die des Imamrechts auf überzeitliche Leitung und beaufsichtigende Verwaltung schiitischer Gemeinde und die des muslimischen Volksrechts auf Freiheit und Gleichheit. Die Transformation der absoluten Monarchie in eine konstitutionelle, demokratische Staatsmacht also sei eine Maßnahme, um die erste und dritte Usurpationsart zu beseitigen und ihren Grad lediglich auf die der zweiten Art zu reduzieren. Die Institution, die diese Rechte wieder bewirkt, sei die Verfassung bzw. die gesetzgebende Versammlung; die Gesetzgebung sei legitim, sobald sie nicht gegen die Schari´a verstöße, wofür eine ständige Überwachungsdelegation der hohen Geistlichkeit im Parlament Sorge tragen sollte. Zwar sei die konstitutionelle Monarchie kein ´Regiment des Theologen´ (Wilayat-i Faqih) [131], das während der gesamten Ära der Abwesenheit des 12. Imams die Hauptforderung der schiitischen Theologen bleibt. [132] Trotz dieses Vorbehalts, der etwa siebzig Jahre wie ein Spuk die konstitutionelle Monarchie begleitete, um schließlich von Khomeini voll in Anspruch genommen zu werden., leisteten die aufgeklärten und anti-despotistisch eingestellten Mugtahidins einen wesentlichen Beitrag zum Siegeszug des Liberalismus und Demokratismus im Iran. Immerhin brachten es diese schiitischen Theologen fertig, auf eine eigentümliche Auslegungsweise zwischen den tradierten, orthodoxen Lehren der Schi´a und den liberalen und demokratischen Ideen der Neuzeit eine Annäherung und Verbindung zustandezubringen.

Doch bei aller Hochschätzung der Bemühungen schiitischer ´Ulama, gewisse liberale und demokratische Erneuerungen in das schiitische System einzubauen, darf man nicht aus dem Auge verlieren, daß ihre Politiktheorie wesentlich im Banne elitär-aristokratischer Anschauungen bleibt; sie können eben nicht völlig aus der Natur ihrer Imamlehre und eng damit verbunden Wilayat-Theorie heraus, was ihr Verständnis von Liberalismus und Demokratie sehr einschränkt. Ein Beispiel mag hier genügen: In seinen Randglossen zu Na´ini, dort, wo die Frage der Herrschaft erörtert wird, schreibt Ayatolah Taleghani: „Aus dem Vers: „Gott befiehlt euch, anvertraute Güter (nach Ablauf der verabredeten Frist) ihrem Eigentümer (wieder) auszuhändigen und, wenn ihr als Schiedsrichter tätig seid, zu entscheiden, wie es recht und billig ist ..." (4,58) geht hervor ... daß mit al-Amanat (anvertraute Güter) alle Rechte gemeint sind; jedes Recht muß demnach dem Eigentümer des Rechts zurückgegeben werden. Weit wichtiger ist damit die Arbeitsteilung gemeint; Gott hat demnach in die Tiefe der Natur jedes Menschen Begabungen hineingelegt wie die verschiedenen Metalle in der Erde, sowie Sokrates sagt: So sind manche Seelen aus Gold, manche aus Silber und manche aus Eisen ... Jeder dieser Begabungen und geistigen Vorkommnisse sind für eine bestimmte Arbeit bestimmt, die von ihrem Besitzer ausgeführt werden soll. Demnach sind die Stellungen anvertraute Güter Gottes, die an die würdigen Besitzer zurückgegeben werden müßten. Eine solche Form der Gesellschaft ist diejenige, die Gott will und die dem Schöpfungsgesetz entspricht. Die Arbeit der staatlichen Führung ist somit denjenigen vorbehalten, die Gold (in der Seele) und eine göttliche Begabung dafür haben ..." [133] So wird das vorhin von Na´ini postulierte Recht der Menschen auf Freiheit und Gleichheit im Islam mit einer platonischen elitär-stände-staatlichen Klausel wieder eingeschränkt, die ohne Frage der Idee des Liberalismus und der Demokratie abträglich ist. Interessant ist in diesem Zusammenhang die beiläufige Auffassung von der Gerechtigkeit, die ähnlich wie bei Plato als eine rechte Ordnung (Über- und Unterordnung) der feststehenden Strukturen in der innermenschlichen wie der innergesellschaftlichen Welt verstanden wird. [134] Schon Al-Farabi (geb. 870 n. Chr.), der Begründer der islamischen Philosophie, scheint sich bei der Rezeption griechischer Staatsmetaphysik, vor allem aus „seinen schiitischen Neigungen zum Imamat" den platonischen Ideen über den Staat zugewandt zu haben. [135]

Geleitet durch diese Neigungen sucht er im Kosmos, in der Gesellschaft und im Einzelmenschen die Einheit und zugleich die hier-

archische Ordnung der Teile, woraus diese Einheit besteht, darzu-
stellen. In der Seinsordnung gebe es neun Sphären, mit der Erde als
unbewegliche Mitte. Zu ihnen gehören 9 Vernünfte, die die Sphären
obwalten. Die unterste zehnte Vernunft (´aql fa´al) agiere und wirke
in der sublunaren Welt, im Reich des Werdens und Vergehens (Kaun
wa Fisad). Die oberste reine, abstrakte Vernunft in dieser Hierarchie sei die erste Ursache, Gott. Ausgehend von der ersten Ursache,
die sich selbst denkt, komme diese ganze Ordnung durch die jeweilige absteigende Emanation der höheren Sphären bzw. Vernünfte
zustande. Ebenfalls in der Analyse der menschlichen Seele versucht
Al-Farabi politische Ziele durch Philosophie zu begründen." [136] Auch
hier geht er davon aus, daß die Einheit der menschlichen Seele in
einer Rangordnung der verschiedenen seelischen Kräfte liegt: An
die Spitze gehöre die vernünftige Kraft (quwwa natiqa), während
die ernährende Kraft (quwwa ghadiya) den untersten Platz in der
menschlichen Seelenordnung einnimmt. [137]

Mit demselben Denkschema wendet sich al-Farabi der Gesellschaft bzw. der staatlichen Gemeinschaft zu, um den Nachweis zu
erbringen, daß die Herrschaft eines Imams, das Imamat, also die
beste politische Ordnung sei. „Denn die Führung (im Musterstaat)
hängt von zwei Dingen ab: Einmal muß die Person (die die Führung
übernimmt) von der Anlage, von der Natur her für diesen Rang geschaffen sein; und zum zweiten muß er hierfür den rechten Habitus
und den Willen besitzen." [138] „Ein solcher Mensch ist ein vollkom-
mener Mensch, der sowohl die Vernunft als auch das Vernünftige in
aktus ist." [139] „Dieser Rang kommt ja nur in solchen Personen vor,
die eine große Seele und eine außergewöhnliche Naturanlage besitzen; und das auch nur in solchem Falle, daß ihr Geist (nafs) in Verbindung steht mit der agierenden Vernunft." [140] Damit steht der Imam
durch die Nous Agens in Verbindung mit Gott und erhält sein Wissen vermittels Offenbarung. „Und da die agierende Vernunft von
der ersten Ursache emaniert worden ist, kann man sagen, daß sie
durch die agierende Vernunft Offenbarungen (wahi) an solchen
Menschen ergehen läßt." [141] Al-Farabi versucht also, durch eine
umfassende philosophische Begründung, die die Teilgebiete der

50

Kosmogonie, Seelenlehre, Epistomologie, Propheten- und Imamlehre usw. einbezieht, sein politisches Leitmotiv ´Imamat´ zu recht-
fertigen. Eine ähnliche beispiellose groß angelegte Arbeit, eine totale Ideologie der Macht zu liefern, kennen wir schon als Resultat
des Wirkens von „Lauteren Brüdern" (Ihwan as –Safa) in Basra
(Irak). Sie [142] schrieben ein umfangreiches enzyklopädisches Werk,
bestehend aus 53 Traktaten (rasa´il), das die mathematischen, naturwissenschaftlichen, geisteswissenschaftlichen, metaphysisch-
theologischen Wissensgebiete der damaligen Welt synkretistisch [143]
zu einer Einheitslehre vereinigte. Dieses ideologisch-weltanschau-
liche Lehrsystem sollte dann durch streng konspirative Verbreitungs-
und Propagierungstätigkeit der herrschenden abbasidischen Weltanschauung entgegengesetzt werden mit dem bewußten politischen
Ziel, das bestehende Kalifat zu stürzen und den spirituellen Imamen-
staat zu gründen.

So teilen die lauteren Brüder allgemein die Staaten in zwei Arten
auf: Der Staat der Bösen und der Staat der Guten: „Oh, gütiger,
freundlicher Bruder. Gott möge Dir und uns mit seinem Geist hel-
fen. Denn wir sind Zeuge, daß der Staat der Leute des Bösen an
Kraft sehr zugewonnen, daß ihre Macht Oberhand genommen und
daß ihre (schlimmen) Taten die Welt überflutet hat; und wenn diese
ihre höchste Entwicklung erreichen, wird der Verfall die Folge sein.
Und du sollst wissen, daß der Staat und die Herrschaft in jeder Zeit
und in jeder Epoche von einem Volk zum anderen Volke, von einer
Dynastie zu einer anderen Dynastie und von einem Land zu einem
anderen Land wechselt. Und Du Bruder sollst wissen, daß der Staat
der Leute des Guten (ahl al-Hair) erstmals durch eine Gruppe von
Wissenden, Philosophen, Auserwählten und Vorzüglichen zustande-
kommt ..." [144] Die beste Staatsform, der die Leute des Guten nachei-
fern, ist das Imamat: „Du sollst wissen, daß die gesamte Umma des
Islam von der Notwendigkeit eines Imams überzeugt ist, um als Kalif
des Propheten in seiner Umma aufzutreten. Und dies bezweckt
mehere Ziele: Die Schari´a aufzubewahren, die Tradition des Propheten (Sunna) lebendig zu erhalten, zum Guten zu befehlen und

vom Schlechten abzuraten, damit die Umma seinem Rat Folge leistet." [145] Das Kalifat also hat bei den ʿLauteren Brüdernʿ eine schiitische Bedeutung und steht eng mit dem Imamat in Verbindung. Das rechtmäßige Kalifat ist demnach ein besonderes, und zwar in dem Sinne, daß es nur gewissen auserwählten Eliten, die Gott nahestehen, vorbehalten sei, während das Kalifat der Abbasiden und konsequent jede andere Staatsform, ein Herrschaftsbund mit dem Satan darstellt. Der erste Imam und zugleich der erste besondere Kalif auf Erden sei Adam gewesen, nachdem er seine Sünde bereute und daraufhin auf das zweite Geheiß Gottes auf Erden die Nachfolgerschaft antrat. „Doch wer in der Folge dieses Geheiß nicht befolgte und dem Vermächtnis (Adams) sich widersetzte und darauf bedacht war, die Nachfolgerschaft Gottes an sich zu reißen, um mit Gier nach Macht und auf eigene Faust zu herrschen und die Belange des Volkes zu verwalten, dessen Herrschaft war von keiner Dauer, und, wenn sie dennoch eine Dauer aufweist, so kann man sagen, daß er der Kalif des Satans ist, denn ein solches Kalifat ist durch und durch Schlauheit, Hinterlistigkeit, Falschheit, Überschreitung, Usurpation, Ungerechtigkeit, Feindschaft, Niederträchtigkeit, Aufruhr und Sündhaftigkeit." [146] Mit dieser voll mit revolutionärem Zündstoff geladenen Ideologie der Macht erklärten die ʿLauteren Brüderʿ die bestehende Herrschaftsordnung als ʿsatanischʿ und illegitim; zum diesseitigen wie zum jenseitigen Glück könne eine islamische Gesellschaft lediglich durch einen Imam, und bei seinem Fehlen durch eine Gemeinschaft von Männern geführt werden, welche die erforderlichen 46 Eigenschaften des Imams im Kollektiv besitzen. In beiden Fällen jedoch sei die staatliche Macht eine von Gott eingesetzte und von daher legitime; sie repräsentiere dann das besondere Kalifat einer auserwählten Menschenkette, die von Adam über Mohammad bis zu den Nachkommen Aliʿs hinführt. Nie würde die Welt, d. h. die staatlich organisierte Gemeinschaft der Menschen ohne einen Imam bleiben, der die Präsenz göttlicher Macht auf Erden demonstriert, „denn Gott würde niemals das Volk ohne Beweis (hugga) lassen und das Band zerreißen, das zwischen Ihm und den Menschen besteht." [147] Zwar gebe es geschichtliche Perioden, worin der Imam verborgen ist (sitr) und solche, worin der Imam offen auftritt (kasf). In beiden Fällen „sind die Imame die befestigenden Nägel der Erde ... und die wahren Kalifen Gottes. In der Periode des offenen Auftretens (kasf) manifestiert sich ihre Macht und ihre eingreifende Kraft in Körpern und Dingen offen, während in der Periode der Verborgenheit (sitr) sich ihr Einfluß auf Leben und Vernunft der Menschen und auf Besitzer des Erdenreichs und des körperlichen Kalifats zeitigt." [148]

Die offensichtlich stark elitär-aristokratische Vorstellung der Ihwan as-Safa´ von der politischen Ordnungsmacht ist einmal in dem Glauben gegründet, daß die göttlich verliehene Amtsmacht an Menschen in einer gewissen Genealogie von Adam auf Ali und seine direkten Nachkommen beschränkt bleibt und als Monopolerbschaft von Person an Person legitimistisch weitergegeben wird, ein anderes Mal liegt sie konsequent in ihrem rationalistischen Ansatz der Anthropologie: Denn wenn die Vernunft das Höchste ist, was der Mensch in seiner Seelenkonstruktion hat und ihn vorzüglich als Menschen auszeichnet, und wenn diese zwar erst in einer politischen Gemeinschaft, aber nur in einigen wenigen Menschen voll aktualisiert werden kann, so liegt der problematische Schluß nahe, anzunehmen, daß auch alle mehr oder minder einsehen, daß diese, in Sachen der Vernunft Eingeweihten, regieren sollten, wenn die Menschen nicht völlig im Zustande des Tierischen verharren wollen. Bei den 'Lauteren Brüdern´ ist nun der erfahrene Glaubenssatz makaber, daß die Masse der Menschen es doch nicht zu den erwünschten Höhen der Vernunft bringen kann; und wenn dem so sei, so müsse zumindest die Oberhoheit der Vernunft in der Gesellschaft erreicht werden, damit der Staat als ein großgeschriebener Mensch mit dem Himmel, dem Makrokosmos, im Einklang stehe. Diesem Glaubenssatz entspricht die Einteilung des religiösen Wissens in eine äußerliche (zahir) und eine innerliche (batin) Wahrheit. „Das, was an Riten und Geboten der Religion für die Masse geeignet erscheint, ist die äußerliche und offensichtliche Seite derselben, wie Gebet, Fasten, Armensteuer, Almosen, Koranlesung ..." [149] Die

Eliten (Hawas), die rein sind von Leidenschaften und Hochmut und in der Philosophie die Vollkommenheit erreicht haben, hätten Einsicht in die „Geheimnisse der Religion und in das Innere der Dinge und Belange (auch Befehle)." [150] Auch eine dritte Schicht zwischen den Eliten und Massen, die der Durchschnittlichen, nahmen die Ihwan as-Safa´ an, die an gewissen Wissensgebieten der Religion teilhaben können. Die Oberhoheit der Vernunft aber sei in der geistigen Elite gegeben, der die grundsätzlich einheitliche innere Wahrheit der Philosophie und Religion zugänglich ist. Beim Fehlen eines Imams, der theo-absolutistisches Regiment führt, plädierten die ´Lauteren Brüder´ also für eine Theo-Aristokratie dieser geistigen Elite. [151] Das parteipolitische Machtinteresse verhinderte die 'Lauteren Brüder´ daran, das Wesen des Staates tiefer zu erfassen; sie hielten den Staat nur insofern für eine göttliche Einrichtung, als sie eine bestimmte personelle Besetzung aufweist. Fehlte nun einmal diese erwünschte parteigebundene Personalunion, so war der Staat von einem anderen Prinzip bestimmt, nämlich vom Satan, [152] auch wenn seine Träger sich selbst durchaus für fromme Muslime hielten, wie dies bei vielen Abbasiden der Fall war. In einer ähnlichen Situation, als der Geist der Zeit auf klare Antworten, auf dringende Fragen pochte, als die Frühchristen in der frommen Erwartung der direkten Gottesherrschaft im Gefolge der Ebioniten das heidnische Römerreich als Reich Satans revolutionieren oder völlig apathisch sich der Interessenlosigkeit gegenüber dem bestehenden Staat hingeben mußten, erklärte Paulus: „Jedermann sei der obrigkeitlichen Gewalt untertan. Denn es gibt keine Gewalt, die nicht von Gott stammt." [153] Der Blick ist also auf das <u>Wesen</u> des Staates gerichtet, nicht auf das ideologische Credo bzw. auf die personelle Besetzung desselben. „Deshalb muß man ihr untertan sein, nicht nur um der Strafe, sondern auch um des Gewissens willen." [154] Damit war grundsätzlich ausgesagt, daß der Staat an sich eine göttliche Einrichtung, eine göttlich geschaffene (nicht erschaffene) Autorität sei, der Folge zu leisten der Christ verpflichtet sei. Mit anderen Worten, der Staat würde nicht erst dadurch göttlich sein, wenn er direkt durch den einzigen überweltlichen Souverän oder vermittels seiner Heiligen gelenkt und verwaltet würde. „Von außergewöhnlichen Fällen abgesehen, leitet die erste Ursache alles durch Zweitursachen. Gott hat den Staat geschaffen ... indem er den Menschen als Zoon Politikon schuf, als ein Wesen, das seiner Natur nach auf Zusammenschluß mit seinesgleichen hindrängt und auf Gemeinschaft angewiesen ist. Die Gemeinschaft wieder bedarf einer sichtbaren, mit Rechten und mit Macht ausgestatteten Leitung. Der Einzelne hat sich ihr zu unterwerfen.Tut er es, dann unterwirft er sich mittelbar Gott." [155] Die Konsequenz, mit der Paulus das Grundsätzliche über den weltlichen Staat und das Verhalten der Christen zu ihm aussprach, besaßen weder Ihwan as-Safa´ noch al-Farabi; das Ideologische, d. h. das in Ideen (philosophischer und theologischer Natur) verhüllte schiitische Interesse, eine bestimmte Partei (Imame bzw. deren Stellvertreter) in die Macht zu heben, versperrte ihnen den Blick, das Wesen des Staates als eine selbständige Zwischeninstanz konsequent aus der ersten Ursache zu deduzieren; sie mußten dann immer dort, wo es darauf ankam, einen ihnen nicht gelegenen Staat zu denunzieren, zu dem dualistischen Prinzip Gott-Satan Zuflucht nehmen, wodurch dann, je nach Interessenlage, der eine Staat als göttlich gefeiert und der andere als satanisch diffamiert wurde.

Gewiß der Gedankengang von Paulus blieb solange klar und einfach, als er als allgemeines Prinzip galt. Wie, wenn der Staat schlecht ist, wie, wenn er die Macht mißbraucht? Auch hier war Paulus konsequent: Der jeweils bestehende Staat, auch wenn er schlecht ist, hört nicht auf, ein Staat, d. h. eine göttlich bestimmte Einrichtung zu sein. Mit anderen Worten: Aus dem Mißbrauch einer Sache folgt nichts gegen sie selbst. Erst Thomas von Aquin gelang es, an den allgemein klingenden paulinischen Sätzen eine genauere Differenzierung vorzunehmen; er unterschied zwischen Herkunft der staatlichen Macht, die Art und Weise, wie sie erlangt wird, und Ausübung derselben. In diesem Zusammenhang schrieb er, „daß sich die königliche Gewalt oder die jeder beliebigen Würde in dreifacher Hinsicht betrachten läßt: erstens hinsichtlich der Gewalt als solcher; und so ist sie von Gott, durch den die Könige regieren (Spr.

8). Sodann kann die Art und Weise ins Auge gefaßt werden, wie die Gewalt erlangt wurde; und so ist sie manchmal von Gott, wenn nämlich jemand die Gewalt auf geordnete Weise erlangt ... Manchmal aber stammt sie nicht von Gott, der sich aus Ehrgeiz oder auf irgendeine andere unerlaubte Weise die Gewalt aneignet. Drittens läßt sich ihre Ausübung in Betracht ziehen, und so ist sie manchmal von Gott, wenn nämlich jemand den Geboten der göttlichen Gerechtigkeit gemäß Gebrauch von ihr macht ... Manchmal jedoch nicht von Gott, wenn die verliehene Gewalt gegen die göttliche Gerechtigkeit gehandhabt wird ..." [156] Letztlich ist bei Thomas von Aquin die Allursächlichkeit Gottes und die menschliche Freiheit (auch die Freiheit des Mißbrauchs von Macht) so in Einklang gebracht worden, daß die freie Entscheidung der Menschen und damit ihre Verantwortung selbst dann nicht gänzlich verloren geht, wenn auch Gott alles in der Hand hält. Denn daß ein Geschehen nicht von Gott sei, besagt nicht, es sei ohne ihn! Mit anderen Worten: „Thomas widerspricht sich nicht, wenn er in seinen Summen die Allursächlichkeit Gottes so unzweideutig lehrt und in seinem Kommentar zum Römerbrief doch sagt, manchmal sei die obrigkeitliche Gewalt nicht von Gott. Er meint dann nur ihren selbstverschuldeten Mißbrauch, nicht ihr Bestehen, Kommen und Gehen im Gewebe der göttlichen Schöpfung und Vorsehung." [157] Das Gegenstück im Islam! Dort – wie eingangs erwähnt – wird die Allursächlichkeit und Allmacht Gottes derart absolut gesetzt, daß dem Menschen kaum noch ein Raum für Freiheit und Machtentfaltung übrigbleibt. Beim Schiismus erfahren wir eine abermalige zusätzliche Steigerung dieser beiden Momente, indem göttlicherseits jede freie Machtentfaltung und Entscheidung des Menschen in seiner staatlichen Existenz zugunsten der ursprünglichen Machtverankerung bei einer Reihe von Personen (Propheten und Imame) nivelliert wird. Demnach ist der Staat nur dann göttlich, wenn er von Imamen oder deren Stellvertretern regiert wird. [158]

Dieses besondere Kalifat, in dem die spirituelle Rechtleitung der Gemeinschaft mit der staatlichen Führung zusammenfällt und gewissen Personen, die Gott nahestehen (= wali) anvertraut wird, wird durch spezifische Auslegung aus folgenden Koranversen herausgelesen:

„David! Wir haben Dich als Nachfolger (früherer Herrscher) auf der Erde eingesetzt. Entscheide nun zwischen den Menschen (über die du gebietet hast) nach der Wahrheit und folge nicht der (persönlichen) Neigung (von Dir), damit sie Dich nicht vom Wege Gottes ab in die Irre führt! ...“ [159]

Die allgemeine schiitische Deutung nun läuft darauf hinaus, daß es sich hierbei um ein besonderes Kalifat mancher früherer Propheten handelt, welches dann von Muhammad auf Gottes Geheiß auf ´Ali übergegangen sei. Der Grund für diese Annahme liegt unter anderem im Menschenbild des Schiismus, wonach die Mehrheit der Menschen aus sich heraus unfähig sind, die Wahrheit der Religion zu erfassen, die die Wegstrecke des Daseins vom Anfang der Schöpfung (mabda´) bis zur jenseitigen Auferstehung (ma´ad) umfaßt. [160] Die in diesem Sinne schlußfolgerte geistige Unmündigkeit der Masse wird durch folgenden Koranvers untermauert: „Und wenn Du (d. h. der Prophet Muhammad) der Mehrzahl derer folgst, die auf der Erde sind, führen sie Dich weg vom Weg Gottes ab in die Irre. Sie gehen nur Vermutungen nach und raten nur (statt Sicheres zu wissen).“ [161] Das sichere Wissen, die göttlich verliehene Gabe der Vernunft, das Bewußtsein um den rechten Weg zum Gott, der aus dem Reiche des Vergehens (fana) in das Reich des ewigen Bestehens (baga) führt, besitzen auserwählte Heilige, also unter anderem auch die Imame, die das Vermächtnis des Propheten übernommen haben. Diesen elitären Status, der auf dem göttlich bestimmten Habitus der Vernunft basiert, führt die schiitische Theologie (Koranexegese) auf den folgenden Vers zurück, wo von ´anvertrautem Gut´ die Rede ist: „Wir haben (nach Beendigung des Schöpfungswerkes) das Gut (des Heils?), das (der Welt) anvertraut werden sollte, zuerst dem Himmel ..., der Erde und den Bergen angetragen. Sie aber weigerten sich, es auf sich zu nehmen und hatten Angst davor. Doch der Mensch nahm es (ohne Bedenken) auf sich. Er ist ja wirklich frevelhaft und töricht." [162] Die schiitischen Kommentatoren haben hieraus konstatiert, daß es sich bei den Worten ´Frevelhaftigkeit´ und ´Torheit´ des Menschen keinesfalls um einen Tadel, sondern um ein Lob handelt, weil für das Tragen des göttlich anvertrauten Gutes eben eine große, würdevolle Tapferkeit erforderlich sei. Ebenfalls handele es sich bei diesem Gut um ´göttliche Mysterien´, die das Innere aller Prophetie ausmache. So sagt Henri Corbin: „Diese Deutung ruft die klare Aussage des 6. Imams im Gedächtnis wach, wonach mit diesem Vers die ´Wilaya´ gemeint sei, deren Ursprung und Quelle der Imam sei." [163] So sind die Imame im Besitze des anvertrauten Heilswissens wie der Prophet Muhammad; und wenn ihm in allem Folge zu leisten ist, so muß man auch den Imamen gehorchen. Von daher wird der folgende Vers zitiert: „Ihr Gläubigen! Gehorchet Gott und dem Gesandten und denen unter euch, die zu befehlen haben ..." [164] Im Gegensatz zu Sunniten haben nahezu die Gesamtheit der schiitischen Kommentatoren sowie die Überlieferungen der Imamen festgestellt, daß mit den ´Leuten, die unter euch zu befehlen haben´ (arabisch: ul-il-amri minkum´) die Imame gemeint sind. [165] Wenn auch in diesem Punkt im großen und ganzen unter den schiitischen Theologen Konsensus herrscht, so gehen doch die Meinungen darüber stark auseinander, ob und inwieweit die Prärogativen der Imame an die Fuqaha zu übertragen sind; denn mit dem obigen Vers geht die Idee von der Unsündbarkeit (= ´Isma) der Imame einher: So wie Gott und Muhammad in dem erwähnten Vers als unsündbar vorgestellt sind, so seien ebenfalls die ul-il-Amri´ (d. h. nach schiitischer Lesung: die Imame) unsündbar. „Und die Ausdehnung (derselben Prärogative) auf die sündbaren Könige sowie die sündbaren ´Ulama ist nicht richtig." [166] Mit anderen Worten sind sowohl Könige (Herrscher), als auch die Theologen gewöhnliche Menschen und eben deshalb sündbar, weshalb sie die göttliche Statthalterschaft der Imame nicht antreten können. Dagegen trat in neuerer Zeit Khomeini am Stärksten und Eindringlichsten für die Annahme ein, daß die Fuqaha, doch kraft einer übertragenen Wilaya´ die Herrschaftsrechte des ´Imams der Zeiten´ wahrzunehmen hätten. [167] Zwei weitere Verse des Koran unterstreichen nach schiitischer Interpretation die Betreuungs- und Herrschaftsrechte des Propheten und des einzig legitimen Imams ´Ali: „Der Prophet steht den Gläubigen näher als sie selber (untereinander) ...“ [168] Zum geschichtlichen Stellenwert dieser Offenbarung wird gesagt, daß, als Muhammad bei einem seiner Kriege (Ghazwa) die ganze muslimische Gemeinde zum ´Gihad´ aufrief, einige die Beteiligung daran von der Erlaubnis ihrer Eltern abhängig machten, worauf der genannte Vers herniederkam und feststellte, daß Muhammad den Gläubigen näher (´aula) stehe als ihre Seelen (nafs), geschweige denn als ihre Eltern. Mit anderen Worten ist mit der ´Wilaya´ des Propheten sowohl die elterliche Gewalt, als auch die Selbstbestimmung der Person über sich selbst aufgehoben. Dies aus den Federn eines schiitischen Theologen, der für das Regiment von Fuqaha eintritt, heißt: „Die Wahrheit der Wilaya einer Person über ein Ding bedeutet, daß sie die Verfügungsgewalt über es in der Hand hält. Der ehrwürdige Vers ... also heißt: Die Herrschaft, die Verfügungsgewalt und das Eingriffsrecht des Propheten über die Gläubigen seien weitgehender und vorzuziehender als die der Gläubigen über sich selbst.“ [169] Der weitere Vers, woraus die Wilaya von Ali nach Muhammad deduziert und interpretiert wird, heißt: „Gott (allein) ist euer Freund (= Walikum) und sein Gesandter und (mit ihnen alle) die, die glauben, die das Gebet verrichten, die Almosensteuer geben und sich (wenn sie beten) verneigen.“ [170] Obwohl im Vers keine Rede von ´Ali ist, bestehen die schiitischen Kommentatoren (sowie einige nicht schiitischen Exegeten) darauf, ihn als einen göttlichen Hinweis auf die Wilaya von Ali nach Muhammad auszudeuten, weil Ali einmal beim Gebet Almosen vergeben hatte.

Aus diesen spärlichen Äußerungen im Koran über die ´Wilaya´ (von Propheten und Imamen) und eng damit verbunden das legitime temporale Herrschaftsrecht haben dann die schiitischen Kommentatoren sowohl auf dem Grund der Deduktion (vernünftiges Argument = áqli) als auch der Auslegung von Imamen und sonstigen Lehrautoritäten (Überlieferungsargument = naqli) die Machtvollkommenheit der Imame schlußfolgert und zu einem Grundpfeiler des schiitischen Bekenntnisses gemacht. Vom Standpunkt der Schiiten ist sodann kein Muslim in Wahrheit rechtgläubig, wenn er diese Machtvollkommenheit nicht anerkennt, sich ihr nicht absolut unterwirft und sich in Liebe zu ihr bekennt: „Wir sind eine Gruppe (von Imamen), der zu gehorchen Gott zur Pflicht gemacht hat." [171] Weiter heißt es bei Imam Rida: „Oh, Ishaq! Ich habe gehört, daß die Leute meinen, wir seien der Überzeugung, daß alle Menschen unsere Knechte ('abid) sind. Nein! Ich schwöre bei meiner Blutsverwandtschaft mit dem Gesandten, daß ich niemals eine solche Behauptung aufgestellt habe, noch habe ich jemals gehört, daß unsere Väter und Ahnen dies behauptet hätten. Doch ich sage (nachdrücklich), daß die Leute (die Menschen) unsere Knechte sind, weil und insofern sie uns zu gehorchen obligatorisch verpflichtet und in Sachen der Religion von uns abhängig sind." [172] In bezug auf den letzten Maßstab des Glaubens und Unglaubens sagt Imam Baqir: „Glaube heißt: uns zu lieben. Unglaube heißt: uns zu hassen." [173] So ist von Goldziher mit Recht darauf hingewiesen worden, daß nach schiitischer Lehre zu den Grundpfeilern des Islam noch ein sechster hinzukommt: „alwalaya, d. h. die Anhänglichkeit an die Imame, was auch die Lossagung (al-bara´a) von ihren Feinden einschließt." [174] Diese schiitische Exaltation der Würde und des Amtes von Imamen hat nicht nur weitgehende theologische, sondern auch politische Konsequenzen: Die unbedingte knechtische Gefolgschaft, die diensteifrige, obligatorische, auf echter Neigung basierende Loyalität, die sie ihrem Anhang abverlangen, - das alles ist und bedeutet ´Wilaya´ und bildet eine ihrer Dimensionen, die sich zwischen Imam und Menschen spannt -, hat ihren tiefen und ontologischen Grund im Verhältnis Gott-Imam, in der zweiten, weit wichtigeren Dimension des Begriffs `Wilaya´, laut der der Imam Gott ´nahsteht´, sein Freund ist und dessen Statthalter auf Erden repräsentiert. Hier wird die Idee von der wesenhaften Machtlosigkeit des Menschen in die höchste Stufe gehoben, während gleichzeitig beim völligen Wegfall des Amtsmachtgedanken sein Heil im Jenseits und sein Glück im Diesseits ein für alle mal und bis ans Ende der Zeiten an die unbedingte Gefolgschaft und knechtische Hörigkeit gebunden wird, die er ge-

wissen göttlich bestimmten, aristokratischen Autoritäten zu zollen hat. Diese Machtvollkommenheit geht weit über die Prärogativen und Kompetenzen eines gewöhnlichen Kalifen, der entweder durch Wahl oder Ernennung seines Vorgängers, auf alle Fälle durch menschliche Handlungen in sein Amt gehoben wird, und nach Harigiten – wie wir gesehen hatten – sogar jeder gewöhnliche Muslim sein konnte. Folgende Worte eines sunnitischen Theologen geben uns Auskunft darüber, daß ein gewöhnlicher Kalif Verkörperung der richterlichen, verwalterlichen und militärischen Staatsgewalt ist: „An der Spitze der Muslime muß notwendig jemand stehen, der sorgt für die Durchführung ihrer Gesetze, für die Aufrechterhaltung ihrer Bestimmungen, für die Verteidigung ihrer Grenzen, für die Ausrüstung ihrer Heere, für die Einhebung ihrer pflichtmäßigen Abgaben, für die Bestrafung der Gewalttätigen, der Diebe und Straßenräuber, für die Abhaltung der gottesdienstlichen Versammlungen, für die Trauung der Jüngeren, für die gerechte Verteilung der Kriegsbeute und ähnliche gesetzliche Notwendigkeiten, die ein normaler Einzelner aus der Gemeinde nicht besorgen kann."
[175] Hingegen ist der schiitische Imam von ganz anderer Qualität, deren Verständnis einer nähere Betrachtung der Kosmogonie, der Imamlehre (und der Prophetenlehre), der Seelenlehre, der Epistomologie aus der schiitischen Sicht voraussetzt. Diese ineinandergreifenden Lehren begründen die schiitische Theorie von ´Wilaya´ und die daraus resultierende, göttliche Machtvollkommenheit der Imame. Ohne eine eingehende und systematische Darstellung dieser Lehren zu beabsichtigen, möchten wir uns hier nur mit so viel beschäftigen, als für die Demonstrierung des Sonderstatus der Imame und damit für das Verständnis der politischen Ideen und Ordnungsformen nach schiitischem Glauben erforderlich ist.

Schon der sechste Imam konstatiert, daß die Imame vom göttlichen Lichte seien: „Gott hat uns vom Lichte seiner Pracht (auch Herrlichkeit) erschaffen und den Seelen unseres Anhangs (schia´) das Wesen unseres Lichtes bei der Schöpfung zugrundegelegt." [176] Diese Selbstdarstellung der Imame als göttliche Lichtsubstanz, die in der Welt eine materielle Körperlichkeit annimmt, wird ihrerseits auf den Koranvers zurückgeführt: „Gott führt seinem Licht zu, wen er will." [177] Haidar Amuli sagt in bezug auf die Einheit und Vielheit der Imame: „Die Imame sind alle von dem einen Lichte, und von der einen Wahrheit, die in zwölf (verschiedenen) Personen verkörpert ist." [178] Diese göttliche Lichtsubstanz wandert durch Vererbung von Geschlecht zu Geschlecht: „Seit Schöpfung Adams geht eine göttliche Lichtsubstanz von einem auserwählten Nachkommen Adam´s in den anderen über ..." [179] Bis sie auf Muhammad und Ali gelangte. „Von diesem ist dies göttliche Licht von Geschlecht zu Geschlecht auf den jeweiligen Imam übergegangen." [180] Tor Andrae bekräftigt schließlich, daß diese Lichtwanderung von zarathustrischen Lehren entlehnt sei: „Wir haben uns oben der Vermutung Söndenbloms angeschlossen, daß diese Vorstellung einen Zusammenhang habe, mit dem Wandern der Herrlichkeit, der hvarenah Zarathustras, die sich unter den großen Herrschern der Vorzeit von Geschlecht zu Geschlecht vererbt hatte." [181] Die Differenz aber zwischen beiden Vorstellungen liegt in folgenden Annahmen: hvarenah begründete und legitimierte lediglich das temporale Herrschaftsamt, während die präexistente Lichtsubstanz der Imame auch ihre spirituelle Herrschaft über Menschen einschloß; hvarenah sagte vielmehr aus, daß der Staat (Königtum) göttlichen Ursprungs sei; der Staat also bleibe immer göttlich, auch wenn Dynastien und Herrscher die hvarenah verlören und sie an andere Herrscher abtreten müßten, [182] während die Imame ihre einmal erschaffene Lichtsubstanz und die damit verbundenen besonderen Kräfte nie aus der Hand geben können. Ein weiterer Unterschied besteht auch darin, daß ein gewöhnlicher Mensch praktisch in der Lage war, die göttliche, besitzerlos gewordene hvarenah aufzugreifen und damit die dem Chaos geweihte Staatsgewalt wiederherzustellen, wobei die „irgendwie göttliche Epiphanie" der Imame, in die „eine göttliche Lichtsubstanz" eingesenkt sei, [183] eine überzeitliche Prärogative in Aussicht stellt, wodurch die gewöhnlichen Menschen zu ewiger Beherrschung, knechtischer Gefolgschaft und geistiger Entmündigung verdammt sind. „Die Anwesenheit des präexistierenden göttlichen Lichtes in der Substanz seiner Seele macht ihn zum Imam eines Zeitalters und gibt ihm ganz außerordentliche, die Linie des Menschlichen weit überragende geistige Kräfte ..." [184] Zu diesen besonderen geistigen Kräften also gehört, die auch Khomeini sagt, das kosmogenetische Regiment: „Der Imam hat auch geistige (spirituelle) Ränge (Maqamat), die aber von der Aufgabe der Regierung getrennt sind; und dieser Rang ist synonym mit dem allgemeinen göttlichen Kalifat. Das ist ein kosmogenetisches Kalifat (bzw. Regiment), demzufolge die gesamten Teilchen des Universums dem befehlshabenden Führer (Wali-i Amr) unterworfen sind. Zu den unabweisbaren Grundanschauungen unserer Religion gehört es überhaupt, daß kein anderer es je vermag, die geistigen Ränge des Propheten und der Imame zu erreichen, selbst nicht der Gott nahestehende Engel und der die Botschaft Gottes verkündende Prophet. Laut der Überlieferung sind der Gesandte und die Imame des Islam, vor ihrer Erscheinung in dieser Welt, Lichter im Schatten des Gottesthrons gewesen; auch unterscheiden sich ihre Keimbefruchtung und ihr inneres Wesen von denen anderer Menschen." [185] Hier findet die Grundthese dieser Arbeit eine eindeutige Bestätigung, daß die Menschen im Islam als machtlose Wesen gedacht, und daß im Schiismus nur gewisse Personen ontologisch Teilhaber an göttlicher Allmacht sind. Die göttliche Macht der Imame und die daraus resultierende allgemeine Herrschaft über das ganze Universum bedeutet nach anderer Lesart, daß, sowie Gott die erste Ursache ist und selbst über das in Natur wirkende Kausalitätsprinzip steht, auch die Imame von Einbettung im kausalen Zusammenhang befreit sind. [186] Die Imame also können unverhofft einen Durchbruch in der kausalen Kette der Ereignisse herbeiführen, während die gewöhnlichen Menschen in ihr liegen. So wird der Kalifatsgedanke bei Suhrawardi zu einem Habitus der ´vollkommenen Seelen´, die durch Teilhabe am ´reinen Licht´ Bewegungen hervorbringen, während die ´unvollkommenen Seelen´ vom Verlangen regiert bzw. bewegt werden. [187] Eben deshalb ist die Seelensubstanz der Imame reiner als die der gewöhnlichen Sterblichen, „frei von bösen Regungen und geschmückt mit heiligen Formen" [188] „Gemäß dieser Begründung muß der Imam unsündbar (ma´sum) sein, d. h. frei sein von allen Schlechtigkeiten (qabih), denn wer nicht unsündbar ist, ist sowohl sich selbst als auch den anderen gegenüber ungerecht (zalim)"[189] Die innermenschliche Gerechtigkeit als eine rechte Ordnung der Seelenteile, die zwischenmenschliche Gerechtigkeit als eine rechte Ordnung in der Gemeinschaft,so, wie es Plato gelehrt hatte, klingt hier durch, wobei die Verkettung der Gerechtigkeit an die Unsündbarkeit (´isma) der Imame es kaum zuläßt, daß die Gerechtigkeit auch unter sonstigen, normalen Menschen eine Chance hat. Die schiitische Theologie, die die Gottesgerechtigkeit als einen der Grundpfeiler schiitischer Gotteslehre anerkennt, ist sich durchaus dieser Problematik bewußt, stellt den komplementären Satz auf, daß die Welt nie ohne einen ´Gottesbeweis´, d. h. einen lebendigen Imam bleibe. So lehrt Imam Sadiq: „Auch wenn auf der Erde nur zwei Menschen sind, so ist einer von denen ein Imam." [190] Denn wenn es so wäre, dann „würde das Gerechte (haqq, auch das Wahrhaftige) vom Eitlen nicht unterschieden werden." [191]

Die Problematik der Gottesgerechtigkeit und der ausschließlichen Verkettung derselben an eine Reihe außerordentlicher Menschen wird also mit der Annahme von einer ewigen, immerwährenden Existenz von Imamen gelöst. Somit findet die schiitische Präexistenzlehre ihre Vervollkommnung durch eine ewige Existenz der Imame. Die Annahme von einer ewigen Existenz der Imame wirft aber einen neuen Gegensatz auf, und zwar, mit der leiblichen Endlichkeit der Imame. Der Lösungsvorschlag des Schiismus ist die Parusielehre: Der 12. rechtgeleitete (Mahdi) Imam sei zwar entrückt und verborgen (Ghaiba), doch er sei über alle Zeiten anwesend und würde am Ende der Zeiten (ahir az-Zaman) wiederkehren. [192] Die überzeitliche und überweltliche Gegenwärtigkeit des verborgenen Imams bedeutet jedoch, daß er sein kosmogenetisches Kalifat weiterführt. Was geschieht aber mit den Menschen auf Erden? Worauf sollen sie hoffen? Was kann sie vor völligem Untergang bewahren?

Die nahtlose Fixierung und unabwendbare Verkettung der Schicksale von Menschen an die Person der Imame würde bei einer solchen mysteriösen Entrückung in völlige Ratlosigkeit und Orientierungslosigkeit ausarten, wollte die schiitische Theologie (und auch der schiitische Volksglaube!) auf diese offenstehenden Fragen keine Antwort wissen. Die eine Antwort lautet: Hoffnung auf Rettung durch den Mahdi (soteriologische Funktion), der bei seinem Erscheinen einen Gottesstaat errichten wird, in der die göttliche Gerechtigkeit voll und ganz verwirklicht sein wird. Die zweite Antwort ist die schiitische Autoritätskirche, die zwischenzeitlich stellvertretende Hilfswerke für den ´Imam´ verrichtet.

Dem Charakter dieses zwischenzeitlichen Äons entsprechend, würde die Welt (der Menschen) einerseits ohne eine absolute Gerechtigkeit auskommen müssen und andererseits würde sie ohne eine minimale Dosis von Gerechtigkeit nicht auskommen können, denn das gänzliche Fehlen von Gerechtigkeit in der Welt würde sicheres Chaos und Untergang bedeuten. Die Institution, die sowohl für diese minimale, aber unbedingt für den Weltbestand erforderliche Gerechtigkeit sorgt, als auch die esoterische, erbliche uönd intuitive Weisheit der Imame als ´Vermächtnis´ übernimmt, ist die schiitische Geistlichkeit: 'Ulama und Fuqaha. [193] Diese These von der Notwendigkeit einer ´Autoritätskirche´, die den Schiismus in hervorragender Weise auszeichnet, richtet sich von Anfang an gegen den Konsensusgedanken (Idschma´) des sunnitischen Islam. „Wenn die Sunniten in ihrer Anerkennung des geschichtlichen Chalifates sich auf den Consensus der Rechtgläubigen berufen, der nach dem Tode des Propheten die jeweilige Gestaltung der staatlichen Islamverhältnisse hervorgerufen und befestigt hat, so finden die Schiiten eben darin ein Zeugnis dafür, daß der bloße Idschma´ sich nicht immer mit dem Grundsatz der Wahrheit und Gerechtigkeit deckt. ... Einzig und allein die Lehre und der Wille des unfehlbaren Imam oder seiner befugten Bevollmächtigten bieten die sichere Gewähr der Wahrheit und des Rechtes." [194] Die schiitische Anprangerung des Idschmagedankens richtet sich bezeichnenderweise gegen sei-

nen demokratischen Gehalt. So verurteilt der neuzeitliche schiitische Gelehrte Badshah Husain die „pseudo-democrative form of
government ... based on the consciousness of the general tendency
of the people." [195] In diesem Sinne kann dann Goldziher die Fest-
stellung treffen: „Wollen wir demnach in knapper Form umreißen,
was den wesentlichen Unterschied zwischen Sunnitentum und dem
schiitischen Islam bildet, so können wir sagen: jenes sei eine
Idschma´-, dieser eine Autoritätskirche." [196] Der tiefere Grund der
Rechtfertigung einer Autoritätskirche liegt einmal in der Idee der
´Wilaya´, anderes mal aber in einem pessimistischen
Menschenbild.Wir sahen schon, daß die Imame eine unmittelbare
Freundschaft mit Gott pflegen; sie stünden Ihm nah (Wali) und hät-
ten Substanz von Seiner Substanz. Mit anderen Worten: und wenn
Gott als absolute Allmacht gedacht wird, so erhielten Imame kraft
der ´Wilaya´ Macht von der Allmacht Gottes. Damit wird die
´Wilaya´ zum zentralen Punkt der Prophetie und der Gesandtschaft,
und ragt sogar über sie hinaus, so daß jeder Gesandte ein Prophet
und ein Wali zugleich ist, während jeder Prophet wesentlich nur ein
Wali ist, aber ein Wali nicht unbedingt Prophet bzw. Gesandter zu
sein braucht. [197] Die Wilaya also bildet den

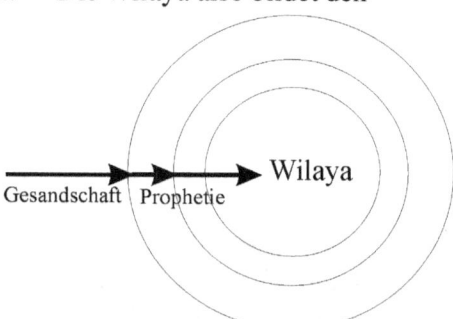

inneren, zentralen Kreis, der in unmittelbarer Nähe Gottes steht
und Muhammad und die Imame der Schiiten beherbergt. Aus ihm
heraus wird die Gemeinsamkeit aller Prophetie und Gesandtschaft
gewährleistet. Mit dem absoluten Einen an der Spitze bildet dieses
Gremium von auserwählten Gottesmännern die eigentliche Kom-
mandozentrale der Welt und der Geschichte. Ihnen unterstehen ganze

66

Armada von Engelscharen und Ginnen, von denen im Koran die Rede ist. Sie sind das Medium der Willensbekundung Gottes, auch wenn die Prophetie mit Muhammad zum Abschluß gekommen ist (Gottesbeweis auf Erden = huggat al-lah). [198] Sie sind die Pforten des Gotteserkenntnisses. [199] Sie sind die Befehlshaber Gottes auf Erden [200] und die Schatzmeister seiner Weisheit. [201] Die Imame sind die Grundpfeiler der Erde; ohne sie würde die Erde beben und die Geschöpfe Gottes würden Untergang finden. [202]

So wird im schiitischen Selbstverständnis die ontologische Machtvollkommenheit der Imame unmittelbar aus dem Begriff der ´Wilaya´ abgeleitet. Die so übersteigerte und über alle menschlichen Kräfte gesetzte Machtfülle schließt selbstredend jede demokratische bzw. auf dem Wege des Konsensus erfolgte Wahl der Imame von vornherein aus. Nach einer Überlieferung bin Mulim´s von Imam Reza, sagt dieser: „Nie würde die Wahl der Menschen eine solche Höhe erreichen; die Vernunft ist außerstande, den Rang des Imam zu erfassen." [203]

Der Mensch also kann immer dann in bezug auf etwas eine Wahl treffen, wenn sein geistiges und moralisches Unterscheidungsvermögen dies zulassen. Demnach kann etwas, was über seinen geistigen Kräften liegt, auch nicht Gegenstand seiner Wahl sein. Und genauso verhält es sich mit den Imamen: Sie sind Gotteskalifen, nicht kraft der Wahl der Menschen, sondern kraft einer Wahl, die von Gott getroffen ist. Wollte der Mensch dennoch in einer solchen, seine Fähigkeiten überfordernden Angelegenheit eine demokratische Wahl treffen, so sind sowohl das Ergebnis, als auch die Verfahrensweise selbst eitel und illegitim. So muß denn auch der Vorwurf verstanden werden, den Imam Reza denen macht, die der eigenen autonomen Bestimmung nachgeeifert sind: „Sie haben der Wahl des erhabenen Gottes und seines Gesandten nicht gefolgt und sind der eigenen eitlen Wahl nachgegangen, obwohl folgende Worte im Koran sie davor gewarnt haben: Und weder ein gläubiger Mann noch eine gläubige Frau dürfen, wenn Gott und sein Gesandter eine Angelegenheit ... entschieden haben, in (dieser) ihrer Angelegenheit (frei) wählen." [204]

Die fraglose Machtausstattung der Imame und der daraus resultierende unbedingte Herrschaftsauftrag, sind demnach ursprünglich von Gott initiierte und autorisierte Angelegenheiten, die sich der menschlichen Verstandeskraft und Wahl entziehen. Der göttlichen Autorität der Imame also liegt – wie bereits erwähnt – die ´Wilaya´ zugrunde. [205] Das ist die eine Komponente der schiitischen Autoritätskirche, von der Goldziher gesprochen hat; die andere Komponente ist das pessimistische Menschenbild, von dem vorhin bei Ihwan as-Safa auch die Rede war. Diese scheuten sogar nicht davor zurück, die Masse der Menschen für 'Esel´ zu erklären. [206] Diese Verachtung der Masse hat sowohl in der Erkenntnislehre als auch in der Seelenlehre, die die schiitischen Theosophen entwickelt hatten, ihren Grund. Menschsein bedeutet nach diesen Lehren, gnostisch gesprochen, behaftet sein im Reich der Materie; also ´Schwäche, Armut und Mangel´. [207] Selbst Imam Reza, der achte Imam der Zwölfer-Schia, geht bei der Begründung der Notwendigkeit einer theoaristokratischen politischen Ordnung des Imamats von diesem pessimistischen Menschenbild aus: „Wenn nun jemand fragt, warum denn der weise Gott (den Muslimen) ´befehlende Statthalter´ (= ul-lil Amri) eingesetzt und (den Muslimen) befohlen hat, ihnen zu gehorchen, dann heißt die Antwort, es gibt dafür verschiedene Gründe. Unter anderem deshalb, weil den Menschen bestimmte Lebensweisen (Tariqa) angeordnet sind, von denen sie nicht abweichen und die ihnen angeordneten Grenzen und Gesetze nicht überschreiten sollten, denn sonst würden sie durch diese Ausschreitung und diese Fehltritte der Verdorbenheit ausgeliefert werden. Diese Anordnung wird jedoch nicht befolgt und die Menschen werden nicht die bestimmte Lebensweise und die göttlichen Gesetze einhalten, wenn ihnen nicht eine zuverlässige und bewachende Person (oder Macht) eingesetzt wird, die das Befehlsamt übernimmt und die Menschen davon abhält, ihr Recht zu überschreiten bzw. das Recht der anderen zu übertreten. Denn, wenn es nicht so wäre, daß eine repressive Person bzw. Gewalt eingesetzt wäre, dann wird keiner von seinem eigenen Genuß und Gewinn absehen, der die Verderbnis der anderen bedingt; er wird die anderen unterdrücken und zugrunderichten, um seinen eigenen Genuß und Eigennutz zu sichern." [208]

Imam Reza (817 n. Chr.) scheint also von ähnlichen anthropologischen Betrachtungen auszugehen, von denen Jahrhunderte später Hobbes den Ausgangspunkt seiner politischen Theorie nahm. Während beide von einer egoistischen Natur des Menschen ausgehen, die die Existenz einer politischen Macht, eines ´Leviathan´ notwendig macht, kommen sie dennoch zu wesentlich verschiedenen Ergebnissen: Der Staat ist bei Hobbes ein Machwerk der Vernunft, ein vernünftig-hergestelltes Gebilde, auch wenn die Vernunft selbst letztlich als eine Funktion des Egoismus erscheint; [209] während bei Imam Reza die Menschen nie von sich aus es zu einer solchen Leistung der Vernunft bringen könnten und scheinbar für immer im Zustande des Animalisch-Leidenschaftlichen verharren würden, wenn nicht von außen, d. h. von Gott ihnen ein Staat eingesetzt worden wäre. Der Grund für so diametral verschiedene Ergebnisse liegt wohl darin, daß Hobbes in Wirklichkeit von einer total gedachten Autonomie des Menschen ausgeht, während Imam Reza diese halbwegs umbiegt und in eine totale Theonomie einzubetten versucht. Von einem ähnlichen pessimistischen Menschenbild geht auch Khomeini bei seinem Versuch aus, die theo-aristokratische Ordnung des Imamats in eine ständestaatlich verstandene ausschließliche Herrschaft der Gesetzesgelehrten (= Fuqaha) umzudeuten. Er schreibt: „Das Regiment des Theologen (Wilayat-i Faqih) gehört zum Bereich des vernünftig-übertragenen und hat keine Realität außerhalb des Setzens (g´al); es wird gesetzt wie man einen Vormund für Unmündige bestimmt. Der Vormund des Volkes hat keinen Unterschied mit dem Vormund der Unmündigen, was seine Stellung und Aufgaben betrifft ..." [210]

Die Erklärung des Volkes für ´unmündig´, die kraft einer Umdeutung des schillernden und vieldeutigen Wortes ´Wilaya´ in reine Vormundschaftsverhältnisse geschieht, würde, soweit man im Rahmen der ´pastoralen´Aufgaben der schiitischen Autoritätskirche bleibt, nicht so sehr befremdend ausfallen, denn dies könnte auf die seelsorgerlichen Beziehungen des Hirten zu seiner Herde bezogen sein; aber bei Khomeini bekommt diese Umdeutung einen deutlich politischen Akzent: Das pastorale Verhältnis von Hirten und Herde schlägt sich bei ihm um in ein politisches Herrschaftsverhältnis von Theologen und Volk. Wenn also das Volk für unmündig gehalten wird, so bedeutet dies bei ihm, daß es vor allem politisch nicht in der Lage ist (und zwar weder moralisch, intellektuell noch von Gott her) über sich selbst zu bestimmen. „So gesehen sind die ´Fuqaha´ die wahren Herrscher." [211] Eine wahre islamische Herrschaft könne nur damit gewährleistet sein, wenn durch die Herrschaft von ´Fuqaha´ der Monotheismus (Tauhid) zum Durchbruch kommt. Denn „jede andere unislamische, politische Ordnung ist der Vielgötterei verpflichtet, weil ihr Herrscher der Götze ´taqut´ ist." [212] Nicht nur Despotien und Absolutismen seien als ´unislamische Regierungsformen´ abzutun, sondern auch „Republiken und konstitutionelle Monarchien", die auf Souveränität des Volkes aufgebaut sind. Denn „während in den Republiken und konstitutionellen Monarchien die Mehrheit derer, die sich Vertreter der Mehrheit nennen, ihren Willen in Gesetzesform aufzwingen", gehöre in der islamischen Regierung „die Souveränität lediglich dem Gott an und Gesetz ist der Befehl bzw. das Gebot des Herrn." [213] In einer wahren islamischen Regierungsform erübrige sich von daher die Legislative. „Aus diesem Grunde gibt es auch in einer islamischen Regierungsform statt des Parlamentes, welches eine der drei herrschenden Gruppen (Gewalten) ausmacht, eine Planungskammer, die für verschiedene Ministerien Pläne konzipiert, welche von den Geboten des Islam inspiriert sind." [214]

Diese politische Ordnungsform, die sich ganz mit der islamisch-schiitischen Machttheorie deckt, ist von der Seite der Herrschaftsverhältnisse aus gesehen eine klerokratische Aristokratie zu nennen; im folgenden sei diese politische Ordnungsform näher zu bestimmen.

II – 7: Nähere Bestimmungen der klerokratischen Aristokratie:

II – 7 – 1:   Die ausschließliche Herrschaft von Theologen: Diesen Sachverhalt wollen wir unter den zwei folgenden Punkten behandeln:

a) Theologischer Grund:

Wie wir schon sahen, besitzen die schiitischen Imame (auch Muhammad und die sonstigen Propheten) kraft eines besonderes Verhältnisses zu Gott und einer ihnen innewohnenden Lichtsubstanz eine ontologische Macht, die unter der Allmacht Gottes an zweiter Stelle im Universum steht. Diese Macht, die zum allgemeinen kosmogenetischen Kalifat im Universum und zum ´Besonderen Kalifat´ in der Welt berechtigt, besteht in der Nachfolgerschaft von ´Ali auf erblicher Basis weiter; der zwölfte entrückte Imam stellt die Präsenz dieser epiphanischen Macht bis ans Ende der Zeiten dar. Zu dieser Wilaya von Imamen gehört auch – außer des Erblichkeitsfaktors – das Attribut der Unsündbarkeit. Die epiphanische Macht, die Erblichkeit der Imamatswürde, sowie die Unsündbarkeit der Imame sind, zusammengenommen, das Ensemble schiitischer Glaubenssätze; sie gehören konsistent zusammen. Alle drei sind unverzichtbare Bestandteilsinhalte des Wilaya-Begriffs, der im Zentrum schiitischer Theologie steht und sie vom Sunnitentum abhebt. Alle diese drei Komponenten des Wilaya-Begriffs in konsistenter Zusammengehörigkeit ergeben die Rechtfertigungsgrundlage für das legitime besondere Kalifat der Imame nach Muhammad. Wollte man aber, wie Khomeini, nur auf Grund der einen Komponente, nämlich der der Erblichkeit [215] das besondere Kalifat der Imame auf Theologen (Fuqaha) übertragen wissen, so geht das schiitisch-theologische Gebäude im ganzen in die Brüche. Der göttliche Auftrag zum Regieren also kann nur dann ganz schlüssig sein, wenn die epiphanische

Macht, die Erblichkeit und die Unsündbarkeit zusammen als eine Einheit gedacht werden, während Khomeini denselben göttlichen Auftrag auch dort für die Fuqaha gelten läßt, wo weder bei ihnen die epiphanische Macht noch die Unsündbarkeit feststeht: „Wenn die Realisierung dieses Auftrages jemandem möglich ist, so ist es seine objektive Pflicht, dies zu tun; wenn nicht, dann ist es eine genügende Pflicht (wagib kafai´); im letzten Fall aber wird Wilaya (die Regierung und Führung) nicht hinfällig, denn sie (die Fuqaha) sind von Gott in ihr Amt eingesetzt." [216] Zwei wesentliche Reduktionen der schiitischen Theologie also bestimmen bei Khomeini die deduzierte Herrschaft von Theologen: zum einen die Reduktion des Wilaya-Begriffes auf <u>Erblichkeit</u>, und zum anderen die Reduktion desselben Begriffes auf <u>politische Herrschaft</u>. [217] Die Beweisführung Khomeini´s ist nicht nur von der Seite des Wilaya-Begriffs dubios, sie ist auch fragwürdig, weil nach allgemeinem Konsensus, der bei schiitischen Theologen herrscht, nach der kleinen Verborgenheit (des 12. Imams) die Wilaya von Theologen als begrenzt gilt und sich nicht auf Fragen des Krieges und Friedens, der Staatsgeschäfte schlechthin erstrecken darf. Die letzten Worte des Imam an seinen letzten Stellvertreter ´Ali Samri (im Jahre 942 n. Chr.) waren, er möge nach sich keinen Stellvertreter (Pforte = Bab) mehr bestimmen und schloß mit dem Satz: „Von nun an liegt die Angelegenheit (der Befehl) in der Hand Gottes (li-llah amri); Er wird sie (ihn) zum Ausdruck bringen (huwa baligha)." [218]

Ein weiterer Grund für die Unhaltbarkeit der These, daß nach Imamen die Theologen zu herrschen haben, liegt in dem versöhnlichen Akzent mancher schiitischer Mugtahid, der das Imamat keinesfalls mit dem ´äußerlichen Kalifat´ zu identifzieren geneigt ist, und von daher das Wahlkalifat der Sunniten mit dem einsetzbaren Amt des unsündbaren Imams in Einklang bringen möchte. So schreibt Ayatollah salih ha´iri Mazandarani: „Aus der Sicht der Schi´a ist das Imamat bedingt von Unsündbarkeit und Einsetzbarkeit durch Gott und den Gesandten; und diese himmlische Würde wurde von keinem (der drei) rechtmäßigen Kalifen in Anspruch genommen ...

Von der schiitischen Überzeugung aus also bildet das Bekleiden des äußerlichen Kalifates keine Bedingung für den eingesetzten und unsündbaren Imam ..." [219] Mit anderen Worten dieses Autors, war ´Ali schon ein Imam und besaß die ´himmlische Würde´ und die Glorie des Imamates, bevor es zu einer ´Bay´a´ (allgemeinem Bund durch Konsensus) seitens der muslimischen Gemeinde kam, auch ihn zum „äußerlichen Kalifen" zu bestimmen. [220] In dem den Sunniten gegenüber versöhnlichen Ton Mazandaranis liegt die Akzentuierung auf die spirituelle Dignität und Suprematie des Imams, nicht auf der temporalen, staatlichen Herrschaftsfunktion, während bei Khomeini umgekehrt die politische, ja fast ausschließlich die politische Herrschaft der Imame im Mittelpunkt der Beweisführung steht, um kurzerhand daraus die ausschließliche Herrschaft der Fuqaha zu deduzieren.

b) Wissen um die Gesetze:

Die ausschließliche Herrschaft von ´Fuqaha´in der klerikal-aristokratisch konzipierten Staatsordnung ist von Khomeini auch von der Seite gestützt, weil die ´Fuqaha´ die notwendigen Kenntnisse um das islamische Gesetzeswesen besäßen. In dem Abschnitt über die „Voraussetzungen des Regierenden" heißt es:

„Da die islamische Regierung eine Gesetzesherrschaft ist, ist die Kenntnis der Gesetze für den Regierenden unerläßlich ..." [221]
Alle anderen Wissensgebiete scheiden als unerheblich aus. „Alles andere ist entweder nicht maßgebend oder unnötig." [222]

Naturwissenschaftler und Künstler sind für das Herrschaftsamt genausowenig geeignet, wie die Philosophen und Theosophen. „Z. B. macht das Wissen über das Wesen der Engel oder Attributen Gottes am Imamat nichts aus. Ebensowenig kann ein sonst guter Naturforscher oder ein Meister der Musikkunde die notwendige Eignung für das Amt des Kalifen besitzen ..." [223]

Die anfangs konstatierte Unerläßlichkeit von Gesetzes-kenntnissen wird in der weiteren Besprechung zum Privileg der ausschließlichen Herrschaft des Standes von Fuqaha. Ebensogut könnte der Standesvertreter der Rechtsanwälte und Juristen in einer modernen Demokratie, die auch eine Gesetzesherrschaft darstellt, argumentieren, um den Ausschluß aller anderen Gesellschafts- und Berufsgruppen aus der staatlichen Herrschaft zu bewirken. Daß dies nicht geschieht und nicht geschehen kann, beruht darauf, weil das Postulat der Gesetzesherrschaft nicht eine personale Bindung an Gesetzeskennern voraussetzt. Mit anderen Worten, würde man nur dann zu einer Herrschaft von Juristen bzw. Gesetzesgelehrten kom-men, wenn man von einer personalstaatlichen Konzeption ausgeht. Faßt man aber den Staat nur noch von der Seite auf – wie Khomeini es tut – welche Personen bzw. Personenkreise am besten für die Herrschaft, ja eine ausschließliche Herrschaft geeignet seien, so hat man es leicht mit einer obrigkeitsstaatlichen Idee zu tun. „Es han-delt sich um den von Standesdünkel und Berufswehmut genährten, in schwereren Fällen in Willkür, ja Unmenschlichkeit ausartenden Kastengeist." [224] Während der Gesetzesstaat an sich zumeist dem „Schutz gegen den Beschützer" (Schopenhauer) dienen soll, wird die personalstaatliche Auffassung von ihm, gerade das Umgekehrte bewirken; nämlich einen verheerenden Mißbrauch der Macht. „Es handelt sich mit einem Wort zuletzt um jene Gestalt des Mißbrauchs der staatlichen Macht, welche dadurch gekennzeichnet ist, daß hier das inhaltliche Genossenschaftsprinzip durch das inhaltliche Herrschaftsprinzip ersetzt ist. In einem solchen Staat kann sich der schon an sich schwer zu bannende Dualismus von Herrschenden und Beherrschten bis zum feindseligen Gegensatz steigern, der sich dann in Revolutionen und ähnlichen Erschütterungen des Staats-gefüges auszuwirken pflegt." [225]

Zudem kommt ein islamischer Einwand dem Verhalten derjeni-gen Theologen gegenüber hinzu, die das rein formale Wissen um Gesetze für Conditio sine Qua non der Rechtgläubigkeit bzw. des Herrschaftsanspruchs hielten: Nicht maßgeblich sei die äußerliche

Tathandlung nach dem Gesetz, sondern die Absicht, die Intention, womit der Tat begangen wird. Dieser Spruch aus dem Munde Muhammad´s (= Hadit genannt) lautet: „Die Taten werden nach den Absichten (Intentionen) beurteilt und jedem wird angerechnet nach Maßgabe seiner Absichten (Intentionen)." [226]

Nach diesem Motivforschungsansatz im Islam müßte eigentlich sowohl die Tat der Aneignung von Gesetzeswissen, als auch die Tat des Vollzugs desselben in der Realität nach Absichten hinterfragt werden, die die Tat beide Male motivieren. Wie soll da ein Machtmißbrauch seitens der herrschenden Theologen von diesem Gesichtspunkt aus rechtzeitig erkannt bzw. abgewendet werden, wenn das Volk der Laien weder in das zutiefst verworrene, dunkle und kasuistische Wesen der Gesetze einen Einblick hat, noch mit einer demokratischen Kontrollinstanz ausgestattet ist? [227] Der Umstand wird noch dadurch kompliziert, weil der Satan, so Ghazali (1111+), den Menschen „in der Form des Guten" zum Üblen anregt: „Der Satan lädt die Leute nicht offen zum Üblen ein, sondern bietet dies in der Form des Guten an." [228]

Nicht ohne eine Ironie der Zeit lehrt Ghazali weiter, daß der Teufel einem gelehrten Theologen zuredet, „doch seine ihm von Gott verliehene Fähigkeit zur Predigt und zur Belehrung des unwissenden Haufens zu nützen. Dazu soll er sich eines besonders gewinnenden Auftretens befleißigen, um Interesse und Zuneigung der Hörer zu gewinnen. Dieser läßt sich hierbei besonders Beifall, Ansehen und <u>Macht</u> bei den Gebildeten erlangen, während er die Ungebildeten <u>verachte</u>. So hält er sein Motiv gut, während er in Selbstbetrug vor Gott zugrundegeht. Jeder Mensch ist daher zur Selbstprüfung verpflichtet, deren Vernachlässigung Sünde bedeutet."[229]

II – 7 – 2: Ziel der Politik und des Staates:

a) Politik als Gottesdienst:

In der klerokratischen Aristokratie beschränkt sich die Politik auf die Summe von Gesetzen; ja sie ist mit ihnen identisch. Und da der Gottesdienst mit der Durchsetzung von Gesetzen gleichgesetzt ist, so ist auch die Politik nichts anderes als Gottesdienst. Der Islam „ist eine Religion, deren Gottesdienst mit Politik zusammenhängt und deren Politik Gottesdienst ist." [230] Die Ableitung der Politik aus Gesetzen, die ihrerseits ontologisch bestimmt sind, erinnert an thomistische, politische Metaphysik. [231] Der grundlegende Unterschied aber liegt in dem rationalen Gehalt der Politiktheorie von Thomas, der sich sowohl in seiner Handlungslehre, als auch in der Gesetzeslehre niederschlägt, wogegen bei Khomeini die Vernunft fast ganz ausgeschlossen bleibt. Während auch bei Thomas Gott der Gesetzgeber und damit der Ordner aller Ordnungen (auch der politischen Ordnung) und selbst das Summum bonum alles Handelns darstellt, sei aber der Mensch in einer Hierarchie der Handlungen, der eine Hierarchie der Ziele (finis) zugrundeliegt, grundsätzlich rational fähig, sich zu diesem letzten Ziel hindurchzuarbeiten. [232] Anders bei Khomeini kann der Mensch – wie das letztgenannte Zitat von Imam Reza zeigt – nicht rationale Ziele seiner Handlung anvisieren und unterliegt eher den irrationalen Affekten (Egoismen usw.).

Ebenfalls in der Auffassung von (Gottes-)Gesetzen divergiert grundsätzlich die Meinung: Bei Thomas ist das Gesetz nicht bloß ein Produkt des Willens, sondern selbst nur „etwas zur Vernunft Gehörendes". Und weil das Gesetz die Vernunft in Gott ist „und nicht ein unerforschlicher Wille, sind die weltlichen Strukturen für die menschliche Vernunft – Abbild der göttlichen – erkennbar; deswegen ist auch das menschliche Leben prinzipiell rational ..." [233] Bei Khomeini wird der Blick für die Einsicht in das vernünftige Wesensgehalt des Gesetzes aber versperrt, und zwar durch einen voluntaristischen Gesetzesbegriff: „Gesetz ist Befehl bzw. das Ge-

bot (Hukm) des Herrn." [234] Die Einteilung der Gesetze Thomas zufolge (die ganz und gar bei Khomeini fehlt) [235] schließt die lex
naturalis ein, die eine Einstrahlung der lex aeterna in den Menschen
darstellt und von ihm als einem rationalen Wesen erkannt wird. Als
„Aufspaltung" des Naturgesetzes steht bei Thomas die Lex humana,
die menschliche Gesetzgebung; dieser kommt die hohe Aufgabe zu
„den Plan göttlicher Ordnung in den Beziehungen zwischen den
Menschen in eigener Verantwortung verbindlich zu konkretisieren
und zur Darstellung zu bringen ..." [236] Gerade hier, wo unmittelbar
die Erzeugung der sozialen und politischen Ordnung dem Menschen
anheimgestellt wird, besitzt er durch conclusions, determinationes
und additiones einen beachtlichen Raum an Freiheit, in sittlicher
Verantwortung und mit optimaler Situationsbezogenheit zu handeln.

Der voluntaristische Gesetzesbegriff von Khomeini dagegen
versteht sich als „Befehl Gottes, der totale Herrschaft ausübt." [237]
Die „totale Herrschaft" steht hier in engem Zusammenhang mit der
Unfreiheit des Menschen, denn es heißt sodann: „Selbst dort, wo
gewisse Freiheiten den Propheten und den Statthaltern eingeräumt
wurden, ist es von Gott bestimmt." [238] Zudem ist für Khomeini das
Gesetz ein statisches Gebilde: Es ist ewig und unabänderlich [239], d.
h. die verschiedenen Geschichts- und Lebenssituationen müssen sich
nach ihm richten, wenn sie nicht als Chaos und Verderbnis, als Per-
version der „rechten Ordnung der Religion" denunziert werden
wollen. [240] Charakteristisch ist eben diese Haltung für Khomeini´s
Konzeption von einer klerokratischen Aristokratie: Hier besteht die
Aufgabe der Politik darin, den Menschen mit seinen vielfältigen
neuen Befürfnissen in den festen und seit je feststehenden Rahmen
der islamischen Gesetze durch staatlich organisierten Zwang hin-
einzupressen. Das ist der Sinn von den Anfangssätzen der `Wilayat-
i Faqih´, daß die Gesetze als feste Rahmenordnung nicht zum Glück
der Menschen führen, wenn die staatliche Gewalt nicht für deren
Realisierung Sorge tragen würde; sie, die Gesetze seien da, was dagegen fehle, sei die theologische Exekutive. Erst durch Zusammen-
fügung dieser beiden Faktoren würden „die Gesetze und Gerichts-

urteile vollstreckt und dadurch dem Menschen der Nutzen der Gesetze und gerechten Urteile zugänglich" gemacht. [241] Auch der Hinweis Khomeini´s an den totalen Charakter des islamischen Gesetzes dient dem Sachverhalt, die völlig gewandelte Geschichtssituation an das Gesetz heranführen zu wollen: Der totale und universelle Charakter des islamischen Gesetzes bestehe darin, daß es für alle Lebensbereiche von Geburt bis zum Tod, und für alle Geschichtssituationen verbindliche und unabänderliche Geltung besitze. [242] Mit der Betonung des Universalcharakters des Gesetzes also ist nicht die Anpassungsfähigkeit des Gesetzes an die jeweilige Geschichtssituation gemeint (Realitätsbezogenheit), sondern umgekehrt die Anpassungsfähigkeit der gewandelten Realitäten an das göttliche Gesetz. Wenn Khomeini sodann hinzufügt, daß das islamische Gesetz „Fortschritt" sei, meint er dabei diese Rückführung der gesellschaftlichen Wirklichkeit zu der rechten Rahmenordnung, die von jeher von Gott festgesetzt sei. Außerdem deckt sich der Universalcharakter des Gesetzes nicht mit dem Offenbarungscharakter desselben. Den geschichtlichen Tatsachen zufolge, die auch von den islamischen Autoritäten selbst zugegeben werden, sind die fünf größten Gesetzessammlungen (Fiqh) des Islam eines viel späteren Datums. [243] Was vor allem die Ursprünge und Entwicklung der islamischen Gesetze betrifft, sei der Islam, wie Goldziher feststellt, keinesfalls als ein „rundes System" auf die Welt gekommen; es sei Vieles und Wesentliches aus verschiedenen vorislamischen Rechtsquellen (römisches, jüdisches uam.) und auf dem Wege der Kasuistik des Analogieschlusses, des ´Igma´´ (der Übereinstimmung der Rechtsgelehrten) usw. hinzugekommen. Dieses weit verzweigte Menschenwerk für `Gottes´-Gesetze zu halten, ist demnach theologisch nicht stichhaltig. [244] Man kann demnach im Islam die Beobachtung machen, daß, je mehr der Universalcharakter des Gesetzes zunimmt, desto weniger der Offenbarungscharakter des Gesetzes wird.

b) Die Entleerung des ethischen Gehaltes des Gesetzes:

Indem Khomeini undifferenziert die Gesamtheit der Gesetze und deren Durchsetzung zur Staatsangelegenheit erklärt, unternimmt er einen wesentlichen Schritt zur Entleerung des ethischen Gehaltes der Gesetze. Wie wir bereits (bei der Behandlung der Machtidee) festgestellt haben, ist die konstituierende Idee des Gesetzeswerkes im Islam, „daß der Mensch unfähig ist, sich selbst zu führen, aus eigener Kraft den rechten Weg zu finden und die Norm des richtigen Handelns zu erkennen." [245] Das Gesetz als Ausdruck des souveränen Willens Gottes sorgt als Ausgleich für diese Ohnmacht des Menschen. „Seine Allmacht setzt die Gesetzmäßigkeit der Schöpfung immer wieder neu, ohne sich je einem notwendigen, naturinternen Gesetz zu unterwerfen. Er lenkt die Geschicke der Menschen und setzt seinen positiven Willen immer wieder als letzten Maßstab und letzte Norm des Guten und des Heilsamen." [246] Obwohl auch im Koran das Gesetz als Ausdruck der ´Weisheit`, der Gerechtigkeit und der ´Barmherzigkeit` (Gnade) Gottes bezeichnet wird, bleibt es in der Folge, vor allem durch die Herausbildung des Standes der `Ulama und Fuqaha in Abbasidenzeit [247] fast lediglich bei der Betonung der positiven Setzung des Gesetzes durch Gott, und wie jeder Positivismus, mußte auch diese rechtspositivistische Auffassung das islamische Gesetz von Normativität, von Ethik fast völlig entleeren. „Darum haben sich die Mystiker [248] von diesem Gesetz, das für den Kampf gegen Leidenschaften, die Reinigung des Herzens, die Zucht der Seelenkräfte keine Hilfe bieten konnte, unbefriedigt abgewandt und das Gesetz unter die Dinge eingereiht, über die der eigentliche Fromme hinauswachsen müsse. Darum strömt das heutige mohammedanische Volk zu den sufistischen Orden und Versammlungen, in denen es findet, was ihm die offizielle Kirche mit ihrer trockenen Gesetzeswissenschaft versagt." [249] Die gesellschaftlichen Folgen dieses Gesetzesformalismus sind im folgenden noch kurz zu skizzieren: Wir haben bereits auf den Umstand hingewiesen, daß, sobald eine gesellschaftliche Entwicklung neue strukturelle Veränderungen erforderlich machte und deshalb das engmaschige Gesetzeswerk des Islam zu sprengen drohte, mit dem Widerstand des konservativen, orthodoxen ´Ulama konfrontiert wurde. [250] Was das Gesetz nicht kannte, wurde als ´Abirrung´, als Blasphemie, hingestellt. Weil eben Islam mit Gesetz und Gesetz mit Islam als identisch angesehen wurde, so mußte alles, was in dieses Gesetz nicht paßte, als Pervertierung des Islam betrachtet werden. [251] Der Gesetzesformalismus bringt auch eine sittliche Entmündigung der Einzelnen mit sich; die Wissenschaft von Gesetzen (´ilm) nimmt ihnen die Verantwortung für eine eigene Entscheidung ab, denn auch für die seltensten und verwickeltsten Fälle hat das Gesetz schon eine Antwort bereit; worauf es in erster Linie ankommt, ist, daß der Gesetzesjünger formal-äußerlich dem Gebot folgt oder sich, wie vor allem im schiitischen Bereich es der Fall ist, auf die Nachahmung (taqlid) einer Gesetzesautorität verläßt (immitatives Verhalten). „Damit ist aber auch im voraus verunmöglicht, daß sich im Leben des einzelnen Menschen eine Geschichte seines sittlichen Charakters vollzieht, ein Hereinreifen aus der Unvollkommenheit der Vollkommenheit entgegen, eine Selbsterziehung oder ein Erzogenwerden, ein Wachstum oder ein Zunehmen ´am inwendigen Menschen´. Statisch-geschichtslos wie das Gesetz , ist auch das Leben des Gesetzesjüngers: es gibt nur eine Linie seiner guten und bösen Taten, nicht aber eine Linie seiner inneren Entwicklung." [252] Bei dieser Entmündigung des Laienvolkes wird es kaum möglich sein, eine eigene ethische Persönlichkeit heranzubilden. Die Folgen dieses ´sittlichen Vakuums´ sind für Wirtschafts- und Staatspraxis verheerend, wenn man die ethischen Werte als einen wesentlichen Bestandteil der ´politischen Kultur´ betrachtet: Fraglose Autoritätsgläubigkeit dem Staat gegenüber einerseits und Befolgung des Staatsgesetzes rein formal-äußerlich andererseits, öffnen einer korrupten Bürokratie Tür und Tor. [253]

c) Gerechtigkeit als erste Tugend der klerokratischen Aristokratie:

Auf das soziale Krisenfeld reagiert Khomeini mit der im islamischen Bewußtsein fest verknüpften Vorstellung der Gerechtigkeit. Für die Muslime heißt nämlich die bekannte Maxime, daß die Gerechtigkeit die Grundlage der Herrschaft (der Urteile) sein müsse (= al-´Adl asas al-Hukm!). Man hat in diesem Zusammenhang verschiedentlich auf die Tatsache hingewiesen, „daß in nicht weniger als 13 Ländern des islamischen Bereichs das Pro-Kopf-Einkommen unter 800 Dollar liegt."[254] Das Gerechtigkeitsproblem selbst stellt sich aber im islamischen Bewußtsein generell und bei Khomeini speziell vieldimensional: Es hat mindestens drei Aspekte, die dazu berechtigen, von einer distributiven, juristischen und politischen Gerechtigkeit zu sprechen. Die distributive Gerechtigkeit (= Qist) sorgt im Islam für eine gerechte Verteilung des Reichtums (Nichtanhäufungsklausel), für ein soziales Mildtätigkeitswerk (Ihsan-Klausel), für eine öffentliche allgemeine Sorgepflicht der sozial Schwachen (Takaluf-Klausel)[255] und nicht zuletzt dafür, daß jedem die Früchte seiner zulässigen und gesellschaftlich nützlichen Arbeit zukommt (´Amal-Klausel).[256] Taleghani (+ 1979) resultiert aus der theoretischen Grundlegung der Arbeit (´Amal) auf den `Naturressourcen´ als einziger, wertschaffender Faktor bald eine ´Abschaffung von Klassen´, bald einen Abbau von `Klassenunterschieden´.[257] Bei Khomeini scheint diese Art von Gerechtigkeit sich von einer nicht ganz reflektierten Theorie des ökonomischen Imperialismus auf Nord-Süd-Problem zu erstrecken: „Zudem haben die Kolonialisten mit Hilfe ihrer politischen, über das Volk herrschenden Handlanger repressive und ungerechte ökonomische Ordnungen durchgesetzt, wodurch die Menschen in zwei Gruppen geteilt worden sind: Die Unterdrücker und die Unterdrückten! Auf der einen Seite stehen Hunderte von Millionen hungernder und von jeder Art Hygiene und Kultur ausgeschlossener Muslime, während auf der anderen Seite einige Minderheiten anzutreffen sind, die Reichtum und politische Macht besitzen und ein wollüstiges, faules und verdorbenes Dasein führen ..."[258] Die Idee der distributiven Gerechtigkeit artet demnach bei Khomeini in eine allgemeine weltrevolutionäre Befreiungs-konzeption aus, so daß er ausrufen kann: „Wir haben die Aufgabe, die Unterdrückten und entrechteten Menschen zu befreien!" [259] Die Aufhebung der Gegensätze Position-Opposition wird einfach in Vernichtung der Position, also der ´Unterdrücker´ gesehen. [260]

Die juristische Gerechtigkeit wird auch im Islam groß geschrie-ben und hat in Theorie und Praxis einen reichhaltigen Ausbau er-fahren. [261] ´´adala´, die judikative Gerechtigkeit also umfaßt u. a. die Hauptgebiete: Rechtsschutz (für die schwachen Gesellschafts-mitglieder), gerechte Bestrafung der Schuldigen, Gleichheit aller vor dem Gesetz. Worauf kommt es nun bei Khomeini hauptsächlich an? Ihm erscheint das Gerichtswesen unter dem Schah Mohammad Reza korrupt und bürokratisch-schwerfällig. So gipfelt die Haupt-forderung Khomeini´s darin, die islamischen Strafgesetze (Hudud) wieder einzuführen, und zwar nicht nur weil sie ´göttlich´, sondern auch deshalb, weil sie leichter und zügiger durchzuführen seien. [262] Aber gerade die Wiedereinführung und der ausgiebige und revolu-tionäre Gebrauch dieser Gesetze durch die klerokratische Aristo-kratie im Iran hat den ´Gottesstaat´ in Mißkredit gebracht, sei es, weil sie als anachronistisch und brutal angesehen, sei es, weil mit ihnen das Postulat der Rechtsstaatlichkeit grob verletzt wurden. „Die meisten ablehnenden Kritiken" schreibt Prof. Falaturi, „richten sich gegen das islamische Strafgesetz. Was hinter diesen Kritiken steht, soll dahingestellt sein. Fest steht jedoch, daß die Ausübung der isla-mischen Strafgesetze für die nichtislamische Welt – vor allem für den Westen – ungewöhnlich erscheint; ungewöhnlich und sogar unverständlich deshalb, weil das Ganze in das abendländische – sei es christlich oder nichtchristlich – Wertsystem nicht hineinpaßt." [263] In der Tat, nicht nur die Praktiken der klerokratischen Aristokratie wirken im Iran, sondern auch folgende Koranaussprüche wirken im abendländischen Rechtsgefühl und Rechtsdenken befremdend: „Der Lohn derer, die gegen Gott und seinen Gesandten Krieg führen und im Lande eifrig auf Unheit bedacht sind, soll darin bestehen, daß sie umgebracht oder gekreuzigt werden, oder daß ihnen wechselweise

82

Hand und Fuß abgehauen wird, oder daß sie des Landes verwiesen werden. Das kommt ihnen als Schande im Diesseits zu. Um im Jenseits haben sie eine gewaltige Strafe. Ausgenommen diejenigen, die umkehren, bevor ihr Gewalt über sie habt. Ihr müßt wissen, daß Gott barmherzig ist und bereit zu vergeben." [264] Der größte, theologische Einwand von Luther, der immer noch neu erscheint, richtet sich gegen den Charakter des Islam als Gesetzesreligion und seine damit eng verknüpfte Werkgerechtigkeit. „Als Gesetzesreligion und als Glaube an die Gerechtigkeit aus den Werken steht der Islam für Luther genau in einer Reihe mit dem Papsttum und dem Judentum." [265] Selbst die äußerlich sichtbare Qualität der ethischen Lehren und des ethischen Lebens im Islam sind für Luther nicht wesentlich, „sondern ihre Beziehung zum Gottesglauben, ihre soteriologische Bedeutung. Im Evangelium geht es nicht um mores et ritus, sondern um Erlösung durch den stellvertretenden Sühnetod des Gottmenschen." [266] Eine christliche-abendländische Ethik, die auf dieser Auffassung von Erlösung basiert, kann freilich vor allem der Werkgerechtigkeit der islamischen Strafgesetze nicht Verständnis entgegenbringen. Auch die apologetische Schrift von Falaturi, die Prinzipien der islamischen Strafgesetze durch eine modern anmutende Interpretation auf ´Menschenrecht´, ´Gottesrecht´ und ´gemischtes Menschen- und Gottesrecht´ zurückzuführen, behebt den obigen Einwand nicht. Palaturi´s lapidarer Vergleich mit Kant bleibt von daher in diesem Zusammenhang völlig unvermittelt: „Es geht hier also um das Prinzip, die Würde des Menschen als Mensch selbst in einem Verbrecher zu sehen. Man denkt hier automatisch an die Sittlichkeitslehre Kants, die von der Achtung vor dem Menschen und der Achtung vor dem Gesetz ausgeht und genauso im Falle eines Verbrechers zum Ausdruck bringt, daß man bei einer Strafe zwar den Verbrecher als Person bestraft, die Würde des Menschen in ihm aber respektieren soll." [267] Sieht man die jetzige Vorlage des „Qisasgesetzes" (Vergeltungsgesetz) an, die von den islamischen Kreisen im Iran ausgearbeitet und dem islamischen Rat vorgelegt werden soll, so wird der Vergleich mit Kant noch fraglicher. In dieser Vorlage werden zwei Bereiche der Vergeltung unterschieden:

Vergeltung des Mordes und Vergeltung der Verletzung von Körperteilen. „Im Falle eines zusätzlichen Mordes wird die Blutrache (Qisas) erforderlich, und die Angehörigen des Opfers können mit Genehmigung des islamischen Richters den Mörder töten." [268] „In der Vergeltung der Körperteile ist die Gleichwertigkeit bestimmend: Rechte Hand gegen rechte Hand. Hat der Täter keine rechte Hand, so wird ihm die linke Hand abgetrennt; hat er keine linke Hand, so kann man den Fuß abtrennen." [269] Frauen sind bei der Vergeltung nicht gleichwertig mit Mann: „Wird eine Frau von einem Mann ermordet, so steht es dem Vormund frei, entweder Blutrache an dem Mörder zu nehmen oder von ihm die Hälfte des vollen Blutgeldes zu verlangen." [270] Auch Kinder sind mit Erwachsenen nicht gleichwertig: „Wird der Sohn bzw. die Tochter von dem Vater bzw. dem Großvater väterlicherseits getötet, so ist an diesen keine Blutrache zu nehmen. Sie haben an den Erben des (der) Getöteten nur Blutgeld zu zahlen." [271]

Ebenfalls ist das Morden von Geisteskranken nicht mit Blutrache zu bestrafen: „Tötet ein geistig normaler Mensch einen Geisteskranken, so hat er an die Erben der (der) Getöteten nur das Blutgeld zu zahlen." [272]

Angesichts der Praktiken der klerokratischen Aristokratie fanden sich schließlich die Großayatollahs des Landes in dem folgenden Urteil (Fatwa) einig, welches sie durch Ayatollah Schirazi verkünden ließen: „Die Programme der Organe, die jetzt als Revolutionsorgane im Land arbeiten, sind zu 60, 70 Prozent gegen islamische Grundsätze, gegen die ursprünglichen Zielsetzungen der Revolution. ... Das betrifft die Organisation für den Staatsaufbau, die Revolutionsgerichte, Revolutionskomitees und die Stiftung für die sozial Schwachen; überhaupt alle Organe. Scheich Sadegh Khalkhali (ehemaliger Staatsrichter) hat Islam und Revolution geschadet, kaum genützt. Wenn er 10 Prozent genützt hat, hat er 90 Prozent geschadet. Das trifft auch für seine Vollzugsorgane, die Pasdaran (Revolutionsgarden) zu ..." [273] Mit der dritten Art der Gerech-

84

tigkeit, nämlich der politischen, berührt Khomeini unmittelbar das Feld der Legitimation der politischen Herrschaft. Wir sagten bereits bei der Behandlung der Machtfrage im Islam, daß die absolute Allmacht auf der einen und die Ohn-Macht des Menschen auf der anderen Seite die Vorstellung hervorbrachte, daß Gott nicht nur die Gesetzgebung, sondern auch die Einsetzung der exekutiven Machthaber (legitimer Herrscher) bewerkstelligte. Fallen nun beide Akten zusammen, wie dies zur Zeit des Gesandten und seines rechtmäßigen Nachfolgers ´Ali der Fall war, so bietet die politische Ordnungsform den höchsten Grad der auf Erden möglichen politischen Gerechtigkeit an, zumal nach m´utazilitischer und in engem Zusammenhang damit schiitischer Überzeugung Gott selbst notwendig gerecht sei. [274] Von diesem Gesichtspunkt aus erscheint dann dem frommen Revolutionär Khomeini die gesamte Geschichte als eine einzige Manifestation der Ungerechtigkeit; die bestehenden Staaten, gleichgültig ob christlich, islamisch oder atheistisch usw. verlieren ihre Legitimation, je mehr er sich in seiner Vorstellung des wahren, gerechten Gottesstaates versteift. „Die heute anzutreffende Verderbnis ist durch die Herrschaft von ´Taghut´ (Götzen) und der Vielgötterei verpflichteten Ordnungen bedingt. Das ist die bekannte Verderbnis auf Erden´, die verschwinden muß und deren Urheber bestraft werden müssen." [275] Er stilisiert den strengen Monotheismus des Islam dahingehend, daß man angehalten sei, keine Macht und keine Herrschaft anzuerkennen, außer die Allah´s. [276]

II – 7 – 3: Der universelle Umma-Staat:

Die unvermittelte Unterscheidung zwischen Gottes Interesse und Menscheninteresse, die fast als kontradiktorische Gegensätze aufgefaßt wird, bei gleichzeitiger Versteigerung des Monotheismus zu einem transzendentalen Absoluten, bringt unausweichlich die Demokratie gegenüber der Theokratie in Verruf. „Es geht dabei um das schwierige Verhältnis von Interesse der Gemeinschaft zum Interesse Gottes. In der Mehrzahl der Fälle wirkt sich dies in einem Götzendienst aus: Wir dienen unseren kollektiven Eigeninteressen und nicht der Sache Gottes. Wir sagen ´Gott´ und meinen uns selber. Wir üben Gewalt aus und mißbrauchen Gott dazu, um diese Gewalt zu legitimieren. Das islamische Bekenntnis „Allahu akbar" (Gott ist größer) kann uns hierbei zum Nachdenken und zur Umkehr bewegen.... Es transzendiert selbst das, was wir tun, wenn wir seinem Gebot gehorchen. Unser eigenes – individuelles und kollektives – Interesse kann nie identifiziert werden mit dem Interesse Gottes. Er ist der ganz andere ..." [277] Aus dem totalen und einheitlichen Anspruch dieses Absolut-Einen auf Herrschaft ergibt sich sodann der dritte Wesenszug der klerokratischen Aristokratie Khomeinis: Der universelle Umma-Staat! Dieser Staat wird seinerseits bestimmt a) methodisch vom absoluten Integralismus und b) inhaltlich vom religiösen Glauben.

a) Der absolute Integralismus:

Der absolute Integralismus löst die Vielheit gänzlich in Einheit auf. In der Neufassung des Monotheismus als 'Weltanschauung´ konstatiert Schari´ati: „Die Tauhidi-Weltanschauung ist eine Auffassung von der Welt als Einheit und nicht als Teilung derselben in Diesseits und Jenseits, in Physik und Metaphysik, in Materie und Geist, in Körper und Seele; mit anderen Worten, eine Auffassung vom Sein als einem Ganzen, als einem lebendigen, bewußten Organismus, der einen Willen, eine Vernunft, ein Gefühl und einen Zweck besitzt." [278] Die alles (Gott, Natur und Menschen) umfassende Einheit bedeutet, daß in ´Tauhid´ (Gotteseinzigkeit und Gotteseinheit) keine Vielheit, keine Widersprüche annehmbar seien und zwar weder im Sein, in der Gesellschaft, in der Geschichte, noch im Menschen selbst. [279] Auf die gesellschaftliche und menschliche Wirklichkeit übertragen, bedeutet das die totale, restlose Beseitigung „aller rechtlichen, klassenmäßigen, sozialen, politischen, rassischen, nationalen, territorialen, blutsmäßigen, genetischen und anlagemäßigen Differenzen und Widersprüche" unter und in den Menschen. [280] Somit kommt Schari´ati über den Begriff der Gotteseinzigkeit zu dem

86

Begriff der Freiheit. Der Freiheitsglaube wird ebenfalls bei Cohens philosophischer Interpretation des Judentums aus der Lehre von der Einzigkeit Gottes resultiert. [281] Der Freiheitsglaube Schari´atis jedoch beinhaltet ein totales Freisein des Menschen sowohl von allen äußeren als auch allen inneren Differenzen, Vielheiten und Gegensätzen. Die Befreiung des Menschen von diesen Differenzen und Gegensätzen mache ihn ´gottähnlich´. [282] Diese Vereinheitlichung setze erst den Menschen in sein göttlich-einheitliches Wesen ein, womit zugleich der ´Gottesgeist´ von der Gefangenschaft der Natur, der Gesellschaft, der Geschichte und des Selbst befreit würde. [283] Das Ziel dieser Befreiungsbewegung in der bestehenden differenzierten, vielfältigen und gegensätzlichen Wirklichkeit sei die Umma-Utopia, die eine klassen- und herrschaftslose Gemeinschaft der Gläubigen, geführt von einem ´Imam´, darstellen soll. Hier erst kann der ´gottähnliche´ Mensch entstehen, indem der göttliche Geist zu sich findet, nachdem er alle natürlichen, geschichtlichen und kreatürlichen (´selbstigen´) Entfremdungen abgestreift hat. [284] Wie ersichtlich, handelt es sich bei der Idee des totalen Integralismus Schari´atis um eine elektrische Symbiose von Hegelianismus, Marxismus, Schiismus und Mystik: Die marxistische Klassenkampftheorie (und Formationslehre), die schiitische Imamatstheorie und die mystisch-sufische Gottwerdung des Menschen werden zusammengefügt, um den naturgewordenen Heiligen Geist (Hegels) schließlich zu sich selbst finden zu lassen. [285] Wie bei Schari´ati, so auch bei Ayatollah Khameneh-i [286] unterliegt die Idee einer total harmonisierten und integrierten Einheitswelt der organologischen Analogie: „Die Menschheit bildet eine Einheit, einen Korpus, dessen Seele ´der Glaube´ ist." [287] Die Gesellschaft ähnele also einem Organismus, und die Menschheit als Ganzes bilde einen Superorganismus, in dem nur ´eine Seele´ herrsche und die ´intensive Integration´ gleich einem stählernen Wall ´für den Zusammenhalt´ sorge. [288]

Die Analogie mit dem Organismus scheinen die islamischen Denker von Plato übernommen zu haben. Bei Al-Farabi taucht dieses Denkmodell hinsichtlich der Beschreibung des ´Musterstaates´ auf, worin das leitende Organ (Imam genannt) dem Platz des Herzens im Organismus entspricht.[289] Auch im ganzen christlichen Mittelalter wurde vom ´Corpus Mysticum´ gesprochen, um die durch verschiedene desintegrative und zentrifugale Tendenzen gefährdete Einheit der Christen (der Kirche) aufrechtzuerhalten. Wir finden die organologische Analogie später bei Rousseau, womit die ´totale Integration´ des auf mystische Weise zustandekommenden ´volonte general´ konstruiert wird. [290] In dem bekannten Streit nun, ob das Ganze mehr als die Summe seiner Teile (Aristoteles) oder mit der Summe seiner Teile gleich sei, entscheidet sich das organologische Analogon für die erste methodologische Version; angeblich habe der Organismus als ein Ganzes Verhaltensweisen, Funktionen und Eigenschaften, die sich summativ mit denen seiner Teile nicht decken lassen. Auch seien die allgemeinen Eigenschaften des Organismus trotz der ständigen Veränderungen durch den Stoffwechsel von relativer Stabilität. Nun führt man aber allgemein gegen die Ganzheitslehre wie auch ihre organologische Applikation auf Gesellschaftswissenschaften folgende Einwände an:

- Es bestehe kein wesentlicher Unterschied zwischen dem Ganzen und der Summe; der Unterschied werde willkürlich und oft gemäß den Erkenntnismitteln und Erkenntniszielen gemacht. [291]

- Die Grenze zwischen dem Organischen und dem Anorganischen (Lebensproblem), dem Physischen und Psychischen (Leib-Seele-Problem) und Individuum und Gesellschaft (Gesellschaftsproblem) sei nicht absolut und unpassierbar.

- Die Annahme von einer besonderen ´Substanz´, die angeblich dem ´Ganzen´ innewohnt, entbehre jeder empirischen Grundlage und sei das Resultat einer mystisch-intuitiven Schau der Dinge.

- Die Analogie mit dem Organismus (der Tierwelt) bedeute einen Verzicht auf die Erkenntnismittel, die den Menschen eigen ist (Max Webers epistemologischer Einwand).

- Der organologische Beweis führe praktisch zu einer Tautologie, denn das Organ werde in bezug auf die Funktion und die Funktion in bezug auf das Organ interpretiert (logischer Einwand, auch bei A. Touraine, Sociologie de l´Action).

- Die Gesellschaft besteht aus der Summe der Individuen und deren Beziehungen; für sie ein apartes, substanzielles ´Mehr´ in Rechnung zu stellen, könne nur durch übertriebene Vorstellungskraft möglich sein (ontologischer Einwand).

- Die Arbeitsteilung in der Gesellschaft sei geschichtlich bedingt, während dieselbe im Organismus biologisch bedingt sei. Daher könne in der Gesellschaft auch nicht von einem organologisch verstandenen ´Gleichgewicht´ und der ´Stabilität´ der Lebensvorgänge die Rede sein. Die relative Stabilität des Organismus beruhe auf relativ stabilen Bestandteilen und Zusammensetzungen desselben und nicht auf einer besonderen, in ihm wirkenden ´Substanz´ (M. Schlick).

- Ferner führe der organologische Vergleich zu einer Nivellierung der individuellen Persönlichkeit, zu einem totalitären Integralismus als Selbstzweck und zur Diskriminierung jeder schöpferischen, von der ´Norm´ abweichenden Initiative als ´Störfaktor der Ordnung´.

b) Der religiöse Glaube:

Die totale Vereinheitlichung, die das Bekenntnis der klerokratischen Aristokratie ausmacht, ist nicht nur methodisch im absoluten Integralismus, sondern auch inhaltlich im religiösen Glauben begründet. Der Anspruch des religiösen Glaubens auf Totalität wird in doppeltem Sinne gesetzt: Einmal wird der Glaube schlechthin als das konstituierende Element jeder Gesellschaftlichkeit markiert, [292] und ein anderes Mal kommt der religiösen Anschauung die uneingeschränkte, allumfassende Herrschaft zu. Wenden wir uns diesem zweiten Punkt zu. Die Frage, die hier entsteht, lautet: Kann der religiösen Anschauung eine totale Antwort auf alles, was den Menschen angeht, zugemutet werden? Die Antwort ergibt sich, wenn man die Fragestellung und das Wesen religiöser Anschauung selbst in Betracht zieht. Die Fragestellung der religiösen Anschauung ist sowohl an das ´Heilige´ als auch an das ´Wort´ gebunden. So gesehen ist die religiöse Erkenntnis immer eine Vor-Erkenntnis, eine Erkenntnis, welche vom ´Heiligen´ und durch das ´Wort´ vorgegeben ist. Anders die Fragestellung der wissenschaftlichen Anschauung: Sie fragt auch die Wirklichkeit, aber sie erhält die Antwort als eine Nach-Erkenntnis. [293] Das Heilige an dem ´Wort´ des Heiligen liegt also darin, daß das ´Wort´ alles von vornherein weiß. So ist die Fragestellung der religiösen Anschauung eigentlich keine Frage, worauf eine eigene Antwort folgt: Die Antwort hier ist das absolute Wort, das immer schon bereit steht. Die Fragestellung also wird von vornherein getilgt durch die Wort-Antwort. Bei der wissenschaftlichen Fragestellung an die Dinge, wird durch die nachfolgende Antwort die Frage getilgt, so daß man von ihr sagen kann, sie sei keine Frage mehr geblieben. Eine Anschauung aber sei dann eine philosophische, wenn sie sich aus der Fragestellung selbst ergibt und in ihr bleibt. „Ein Denken, welches nicht im lebendigen Eingriff der Frage bleibt, kann demnach nie als philosophisch bezeichnet werden." [294]

Die innere Begegnung mit dem Heiligen (Religion), die Fragestellung an die Wirklichkeit (Wissenschaft) und die ständige und stets in sich bleibende Frage nach dem Sein (Philosophie) können demnach als drei Bereiche der Erfahrungs- und Erkenntniswelt des Menschen angesehen werden, die notwendig nicht einander ersetzen können. Die Anspruchnahme der totalen Herrschaft des Glaubens ist von daher ebenso unrealistisch, wie die Euphorie des ´Posi-

90

tiven Zeitalters´ und der Säkularisation im vorigen Jahrhundert. Alle Versuche, die sich in der Neuzeit anbahnte, um plurale Erfahrungs- und Erkenntniswelt des Menschen (des einzelnen wie der gesamt- gesellschaftlichen Gruppen) auf eine der genannten Anschauungen zu reduzieren, tun nicht nur der Idee der Toleranz Abbruch, sondern führen notwendig zur Eindimensionalität und damit zu einer Verar- mung des geistigen Lebens der Menschen. Gerade hier sind genui- ne Ansätze von totalitären Tendenzen am Werk, um auf dem Wege der Verabsolutierung einer der genannten Anschauungen, und mög- lichst mit staatlich organisiertem Zwang sie zum Status einer allein herrschenden Ideologie zu erheben. (Faschismus, Kommunismus und neuerdings Khomeinismus signalisieren jeweils eine totale Herr- schaft der wissenschaftlichen, der philosophischen und der religiö- sen Anschauung).

In diesem Zusammenhang verdient die Haltung Khomeini´s ge- genüber der wissenschaftlich-technologischen Zivilisation Beach- tung; während er noch in 'Wilayat-i Faqih´ differenziert der Einsei- tigkeit dieser Zivilisation kritisch gegenübersteht, neigt er bei der Machtübernahme im Iran dazu, sie vollends abzulehnen. Er klagt in 'Wilayat-i Faqih´ diejenigen Leute an, die angesichts des industri- ellen Fortschritts im Westen ihre eigene islamische Identität verlo- ren hätten: „Sie dachten nun, daß der Weg des industriellen Fort- schrittes darin bestünde, ihre eigenen Gesetze und Bekenntnisse aufzugeben." [295] Die spezifische religiöse Anschauung als Grund- element der kulturellen Identität steht also dem wissenschaftlich- technologischen Fortschritt indifferent gegenüber: „Sie denken, so- bald die industriellen Staaten den Mond betreten, müssen sie prompt ihre eigenen Gesetze beiseite werfen! Was hat aber der Mondflug mit den islamischen Gesetzen für eine Bewandtnis? Sehen denn diese Leute nicht, daß verschiedene Länder mit gegensätzlichen Gesell- schaftsordnungen und Gesetzen imstande sind, im Hinblick auf den industriellen und wissenschaftlichen Fortschritt und die Eroberung des Weltalls miteinander zu wetteifern?" [296] Eine wissenschaftlichen Zivilisation ohne entsprechende religiöse und moralische Werte würde kaum das Glück der Menschen sichern: „Selbst wenn sie (die industriellen Staaten) auf dem Mars landen und die entferntesten Milchstraßen im All erschließen würden, würden sie die Glückseligkeit, die moralischen Tugenden und die geistige Erhabenheit nicht erreichen ..." [297] Vollkommenheit (im Sinne der Allseitigkeit und Totalität der Person als ein geistiges Wesen) könne nur erreicht werden, wenn die wissenschaftliche Haltung mit der religiös-moralischen komplementär auftritt; diese Dimension der geistigen Persönlichkeit könne nur – so Khomeini als ein missionarischer Ereiferer des Islam – durch den Islam geliefert werden: „Reichtum, materielle Macht und Eroberung des Weltalls sind an den islamischen Glauben und die islamische Moral und Überzeugung gebunden, um Vollkommenheit und Ausgewogenheit zu erreichen und dem Menschen dienen zu können, statt stets eine Katastrophe für ihn zu sein. Diese Überzeugungen, diese Moral und diese Gesetze besitzen aber wir!" [298] Diese anfängliche differenzierte Haltung, die im Grunde genommen die Forderung einer neuen Ethik des wissenschaftlichen Zeitalters [299] laut werden läßt, schlägt in dem Maße in eine völlige Ablehnung um, wie die innergesellschaftliche Kritik gegen die klerokratische Aristokratie zunimmt: „Denkt nicht, daß der Westen wichtig ist; in ihm gibt es nichts Gutes. Damit bestreiten wir nicht, daß die (im Westen) keine Fabriken besitzen. Aber ihr müßt beachten, daß diese Fabriken nicht auf der Grundlage der Menschlichkeit stehen. Vieles von dem, was sie erzeugt haben, läuft gegen die Menschheit; ja, das ist der Westen, der die Grundlagen der menschlichen Moral vernichtet. Das ist der Westen, der die Persönlichkeit und Menschlichkeit ausrottet... Der Westen treibt den Menschen in den Abgrund der Verkommenheit; er macht aus dem Menschen einen Wilden, d. h. einen Mörder; der größte aller Wilden ist, wer mehr Menschen tötet ..." [300] Dem mörderisch, vernichtenden Charakter der wissenschaftlichen Zivilisation wird die moralische Erbauung des Menschen durch die religiöse Anschauung konträr entgegengesetzt: „Der Islam erzeugt einen Menschen, der in allen Zuständen ein Mensch ist. Der Westen hat darüber keine Ahnung; ihn beschäftigt der Gedanke, Flugzeuge zu bauen." [301] Je mehr das Ideal in einer totalen Herrschaft der göttlichen Ideologie

92

stilisiert wird, desto größer wird der Abstand von der Realität. Die wehmütigen Worte des energischen Revolutionärs – ein Jahr nach der Machtergreifung – stimmen nachdenklich: „Während der Revolutionsphase gingen wir alle (geeint) vorwärts... Wir waren alle göttlich und zerbrachen mit leeren Händen die Dämme, deren Durchbruch die Welt nicht für möglich hielt... Nun sind wir hier angelangt, wo einige Zauder entstanden sind... Wir müssen (aber) den Inhalt der islamischen Republik im Iran (noch) in die Tat umsetzen. Unser Ziel war, daß der Islam ganz Persien erfaßt, daß die Regierung islamisch wird; das ist bisher nicht erreicht worden... Wir müssen in dieser Zeit zusammenhalten und dürfen nicht soviel nörgeln, und solche Einwände erheben, daß unsere Gehälter und Löhne niedrig seien; sie werden erhöht, inscha´ Allah!, daß wir keine Wohnung hätten; wir werden Wohnungen haben, inscha´ Allah!, daß unsere Landwirtschaft so und so sei; wir werden auch Landwirtschaft haben inscha´ Allah! ... Haltet diese Göttlichkeit (ilahiyyat) des Anfangs aufrecht, d. h. unsere Absicht muß Gott, der islamischen Republik, den Gesetzen des Korans gelten, damit die Gottesgnade uns bewahrt bleibt ...“ [302]

Der Umm-Staat als Glaubensgemeinschaft befindet sich allem Anschein nach in einem Circulus vitiosus; je mehr er auf den Glauben (oder: Gottesgesetzen?) baut, um so unfähiger wird er bei der Lösung der gesellschaftlichen Erfordernisse des Lebens, und je mehr er sich angesichts echten politisch-rationalen Kalküls als schwach erweist, um so mehr sieht er sich gezwungen, zu einem totaleren Anspruch der göttlichen Ideologie Zuflucht zu nehmen.

III-SCHLUSSWORT

Das zentrale Thema der fundamentalistischen Strömung in den islamischen Ländern ist Glaube statt Vernunft; der Glaube an einen einzigen Gott, dessen Wille sich positiv in ein umfassendes Gesetzeswerk ausdrückt, welches den Lebensweg des Menschen vom Embryo bis zum Grabe bestimmt. Der Mensch, von Natur aus schwach, kann von sich aus nicht einmal den durch die Offenbarung gekenntzeichneten rechten Pfad des Heils einhalten, weshalb er von einer Kaderpartei der Gottesmänner (Maudoodi) oder am besten durch staatlich organisierten Zwang einer spirituellen Aristokratie (Khomeini) unter den absoluten Gehorsam Gottes gestellt werden muß. Das Leben nach dem Logos (kata Logos) und das Leben nach den Leidenschaften (kata Pathen) der aristotelischen Lehre (A. Baruzzi)[1] wird ergänzt mit einem dritten: Das Leben nach dem Glauben. Die Spanne, in der der Mensch lebt, ist nicht mehr die zwischen Leidenschaften und Vernunft (die Polistheorie), sondern die zwischen Leidenschaften und Vernunft einerseits und einem Leben im Glauben andererseits. In der Gesellschaft der Vernunft war Nomos eine freie Vernunftleistung, die permanent durch Wissen und Gewöhnung (ethos) konstruiert werden sollte. In der Gesellschaft der Leidenschaft von Hobbes wurden die Bewegungen der Menschen hin zu ihrer Staatlichkeit und Gesellschaftlichkeit letztlich von den Bewegungen der materiellen Körperwelt determiniert (Marx: wir kommen alle von Hobbes her!). In der Gesellschaft des Glaubens (Umma) können weder das Sensible noch das Intelligible eine solche Leistung vollbringen, denn beide erhalten ihr Maß vom Glauben; wie sozusagen die Leidenschaften erst durch die Vernunft befreit werden könnten, so könne die Vernunft selbst gewissermaßen erst durch die Offenbarung befreit werden. Erst ein Leben im Glauben – so die Islamisten – setze der praktischen Vernunft die moralischen Maßstäbe und der theoretischen Vernunft den Kompaß zur rechten Erkenntnis (Taleghani); während ein Leben nach den Leidenschaften den Bereich des Tierhaft-Materiellen nicht übersteige, und ein Leben nach Vernunft (Autonomie) ein ständiges Chaos bedeute, sei eine eigentliche menschliche Ordnung eine theonomisch bestimmte Ordnung, worin der Glaube vorherrsche. Die Denunziation der Vernunft und der darauf basierenden Autonomie des Menschen als Urheber der zivilisatorischen Krise, des Chaos und des Weltuntergangs (Sayyed Qutb, Maudoodi, Khomeini) steuert aber einer übersteigerten, totalen Theonomie zu, die jeder Versöhnung mit Autonomie im Sinne eines „autonomen Gehorsams als Bedingung für die wahrhafte Erfüllung der Theonomie" [2] von vornherein abschlägt. Der ideologische Charakter des Fundamentalismus aber wird vollends dort sichtbar, wo es um die Bestimmung derjenigen Menschen geht, denen die Interpretation und die staatliche Durchsetzung der Gottesgesetze obliegen: das sind die Fuqaha! Damit wird der Fundamentalismus mit seiner Hauptforderung eines `Gottesstaates´ zu einer

politischen Ideologie, die die religiös fundierte Legitimation der alleinigen

und unablösbaren Herrschaft der Geistlichkeit zur Folge hat. Die Dialektik der totalen Befreiung (von Leidenschaften und der Vernunft) kommt durch die Eliminierung der Vernunft zu einer totalen Herrschaft der Theologen einerseits und einer totalen Unterwerfung der Gläubigen andererseits zu ihrem Abschluß. Doch „eine Religion, die der Vernunft unbedenklich den Krieg ankündigt, wird es auf die Dauer gegen sie nicht aushalten." [3]

[1] A. Baruzzi: Mensch und Maschine, München 1973
[2] H. Blumenberg: Autonomie und Theonomie, in: RGG, Bd. 1, Sp.788-792, 1957
[3] I. Kant: Die Religion innerhalb der Grenzen der bloßen Vernunft, Vorrede zur 1. Auflage

IV-ANMERKUNGEN

Anmerkungen zu II – 1:

1 Keyhan-Zeitung. 16. Khordad 1358 (1978) Nr. 107 25.

2 Vgl. die merkwürdigen Umstände der Begnadigung Khomeini´s durch den damaligen Schah: Die Antwort auf die Geschichte, Mohammad Reza Pahlawi. 1980.

3 Wilayat-i Faqih, S. 30 des persischen Textes. Siehe dazu die Übersetzung von Appendix! Das Datum von der sog. ´Kleinen Verborgenheit´ wird mit 940 n. Chr. angegeben.

4 Regis Debray: ´Revolution in Revolution´ und Mao-Tse-tung: Ausgewählte Werke.

Anmerkungen zu II – 2:

5 Die Macht, Versuch einer Wegweisung, Werkbund-Verlag Würzburg, 6. unveränderte Auflage 1965.

6 AaO. S. 36.

7 Dr. Andreas Erhard, Metaphysik, S. 146, Regensburg 1845.

8 AaO. S. 40 f.

9 Arnold A.T. Ehrhardt: Politische Metaphysik von Solon bis Augustin, 3 Bd. S. 26 ff., Tübingen 1969.

10 AaO. S. 40 f.

11 AaO. S. 28 ff.

12 F.M. Stratmann: Die Heiligen und der Staat. 5 Bd. 1949-58 Frankfurt/M.

13 Guardini, aaO. S. 15 ff, S. 70.

14 A. Erhard, aaO., S. 141, spricht sinngemäß vom „orientalischen Fatalismus".

Anmerkungen zu II – 3:

15 Alle Koranzitate nach R. Paret´s Übersetzung des Korans, wenn nicht anderes angegeben.

16 Ignaz <u>Goldziher</u>: Vorlesungen über den Islam, S. 82, Heidelberg 1963.

17 Alfred von <u>Kremer</u>: Geschichte der herrschenden Ideen des Islams, S. 20, Leipzig 1868, 1. Aufl., 2. unveränd. Aufl. 1961.

18 AaO. S. 2

19 Der koranische Vers „der Erfolg ist von Gott und der Sieg ist nah" bildet heute noch die Kampfeslosung der Muslims.

20 Mohammad, Münster 1895 und ´Das Doppelgesicht des Korans´, Preuß. Jahrbücher 1917.

21 <u>Goldziher</u>, aaO. S. 87.

22 Koran, 76, 30 und 31. Weitere Verse, die die Unfreiheit des Menschen bekräftigen: „Wen Gott rechtleitet, der ist (in Wahrheit) rechtgeleitet. Diejenigen aber, die er irreführt, haben (letzten Endes) den Schaden." 7, 177. „Sag: Uns wird nichts treffen, was nicht Gott uns vorherbestimmt (w. verschrieben) hat ..." 9, 51. Ebenfalls gibt es im Koran Verse, die die Freiheit und Verantwortung des Menschen betonen. So die Verse 6, 104 und 152, 18, 30, 41, 46 und 74, 38. Am Eindringlichsten betonten die Mu´taziliten im Islam diese Seite des Willens, weshalb sie konsequente Qadariten wurden. Die entgegengesetzte Partei ´Gabariten´ lehnte jede Willensfreiheit ab. Vom einen Gottesbild als dem Absolut-Guten ausgehend, verneinten sie, daß die bösen Taten des Menschen von Gott stammten. So kamen sie zu einer Handlungslehre, wonach zwischen ´gezwungenen Handlungen´ und ´gewollten Handlungen´ unterschieden wurde: An ´gezwungenen Handlungen´ habe der Mensch keine Macht, und daher gibt es für sie weder Lohn noch Strafe, (wie Schüttel infolge von Fieber); `Gewollte Handlungen´ dagegen seien in der Macht des Menschen (wie gehen und schreiben). Die entgegengesetzte Partei, die radikal dem Menschen jede Macht absprach, wird als ´Guhmiya´ (Anhänger von Guhm bin Safwan) bezeichnet; sie faßten den Men-

schen als eine leblose Kreatur (Gamad) auf, der gar keine Macht zukommt. Vgl., Die Geschichte der Philosophie in der islamischen Welt, Bd. 1, S. 121 ff., Autoren: Hanna al-Fahuri und Halil al-Garr.

23   Koran, 2, 37.

24   <u>Guardini</u>, aaO.

25   Koran, 96.6 und 7. „Nein! Der Mensch ist wirklich aufsässig,
7   (darum) daß er sich für selbstherrlich hält."

26   Koran, 2.2.

27   Peter <u>Antes</u>: „Der Mensch vor Gott im Islam", in: Mensch, Welt, Staat im Islam, S. 22 ff., Styria 1977, Graz-Wien-Köln.

28   <u>Tuhaf al-ʿUqul</u>, arabisch-persischer Text, S. ...ff., Der schiiti sche Autor entstammt aus dem 3. Jahrh. n. H.

29   Die Marxisten würden hier eine ´islamische´ Bestätigung jener ihrer Grundthese finden, daß ´die materiellen Produktiv kräfte´ die eigentliche Machtquelle des Menschen bilden, woraus er freilich auch sich selber macht.

30   30.30.

31   Johan <u>Bouman</u>: Gott und Mensch im Koran, S. 190, Darmstadt 1977.

32   Abu-l-Aʿla <u>Maudoodi</u>: Weltanschauung und Leben im Islam, S. 19, Stuttg. 1979.

33   Zitiert nach Bouman, aaO. S. 190. Anmerkung in Klammern von mir!

34   AaO. S. 16 ff.

35   AaO. S. 17.

36   AaO. S. 18. Unterstreichungen von Maudoodi selbst!

37   AaO. S. 18. Unterstreichungen von Maudoodi selbst!

38   AaO. S. 18. Unterstreichungen von Maudoodi selbst!

39   sowie

40 Abu-l´Ala <u>Maudoodi</u>: 'Das Programm der islamischen Revolution´, persischer Text S. 30, Übers. von Sayyed Ghulam-Reza S´aidi, Teheran. Zweite Aufl. 1340. Nach den Worten des Übersetzers zu urteilen, muß die erste persische Übersetzung dieser programmatischen Schrift für die Wiedereinführung islamischen Universalstaates ungefähr 1955 entstanden sein.

41 AaO. S. 31 ff., vergleiche auch ´Wilayat-i Faqih´ von Khomeini!

Anmerkungen zu II – 4:

42 „Alles, was auf Erden ist, vergeht: es bleibt das Antlitz deines Herrn, voll Herrlichkeit und Ehre." Koran, 55.26.

43 Zur Problematik der besonderen Elemente des Adams und der allgemein menschlichen Elemente in der Schöpfung, siehe Bouman´s Werk, besonders S. 184 ff.!

44 Koran, 2.30.

45 Koran, 2.31.

46 AaO. S. 185.

47 AaO. S. 188, die Unterstreichung von mir!

48 Makkanakum, mit Substantiv tammakun, bedeutet sowohl Wohnsitz, Macht, als auch Wohlstand.

49 Koran, 7.10.

50 Peter <u>Sivers</u>: Kalifat, Königtum und Verfall. Die politische Theorie Ibn Khalduns, S. 71 ff., Paul List Verlag 1968.

51 M. <u>Horten</u>: Die spekulative und positive Theologie des Islam, S. 88.

52 Ebenda, S. 88

53 Charakteristika der islamischen Ideologie. Vorwort von Ayatollah Khameneh-i, Teheran 1975, persischer Text vgl. den von mir

unter Pseudonym Ali-Reza Irani übersetzten und kommentierten Text, in: Politische Studien, Zeitschr. Sonderheft 3/1980, München, Olzog Verlag.

54   Ebenda, deutsche Übersetzung S. 34.

55   Koran, 7.172.

56   Prof. M. J. Müller weist auf die zentrale Funktion der Zeugschaft (schihada) für ´den Bestand der ganzen bürgerlichen Ordnung´ in der muslimischen Welt hin; sie sei nur ´der Mittelpunkt aller Rechtsverhältnisse´ im Islam, die sich kaum mit dem römischen und germanischen Rechtssystem vergleichen lassen. Siehe: „Über die oberste Herrschaftsgewalt nach dem moslimischen Staatsrecht", S. 43 ff., in: Abhandl. der Philosoph.-philolog. Classe der könig. Bayer. Akademie d. Wissenschaften, 4. Bd. München 1847.

57   Khomeini, übers. Text, Abschn. 6, Zitat von Imam Reza.

58   L. Gardet: Der Islam, S. 19 f., 1961.

59   Khomeini, Rede am 20. Khordad 1358 persischer Zeitrechnung, in: Keyhan-Zeitung vom 21. Khordad 1358.

60   Der gewöhnlich verwendete Ausdruck ´Theokratie´ für die Bezeichnung des islamischen Staates ist sehr allgemein und als solcher sagt er über die Besonderheiten des Gegenstandes sowohl in Theorie als auch in Praxis nichts aus. Daß im islamischen Staat die Souveränität und d. h. die Gesetzgebung (Schari´a) bei Allah liegt, berechtigt nicht zu dieser generalisierenden Aussage.

61   Erwin I. J. Rosenthal: Politisches Denken im Islam, S. 153 f, Saeculum, Bd. 23, Jahrg. 1972. Bei allem unleugbaren Verdienst Rosenthal´s, das politische Leben und Denken im Islam aufgezeigt zu haben, ist es ihm nicht gelungen, die spezifischen islamischen Theologien der Macht zu erfassen, die weitgehend die verschiedenen politischen Gedankenansätze und die vielen möglichen Ausgestaltungen politischer Ordnungsformen in der islamischen Welt geprägt haben.

62   In der Praxis reichte es aus, wenn der Sultan im Freitagsgottesdienst sowie auf den von ihm geprägten Münzen den Namen

des Kalifen proklamierte und damit sich öffentlich und feierlich zu ihm bekannte.

63   Al-Ghazali im 12. Jahrhundert zitierte diese Überlieferung vom Propheten; zitiert nach E. I. J. Rosenthal, aaO. S. 152.

64   Heribert Busse: Der persische Staatsgedanke im Wandel der Geschichte. S. 54 ff., in: Saeculum, Bd. 28, Jahrg. 1977. Wir kommen auf die rationalistisch-naturrechtliche Grundlage persischer Staatsidee noch zurück, die der arabischen Offenbarungstheorie entgegengehalten wird. Die oben zitierte Stelle von A. K. S. Lambton entstammt dem Aufsatz: Islamic Political Thought, in: The Legacy of Islam. Second Edition, Edited by the Late Joseph Schacht with C. E. Bosworth (Oxford 1974) S. 404-424.

65   Vgl. hierzu: W. Hinz, Irans Aufstieg zum Nationalstaat im fünfzehnten Jahrhundert, Berlin und Leipzig 1936.

66   Goldziher, aaO. S. 192 ff. Auch mit der Schreibweise Charigiten, arabisch als Hawarig, d. h. Dessidenten, Abspalter, Ausgezogene, bekannt. Sie spalteten sich aus der Truppe von Ali in der Schlacht bei Siffin gegen Mu´awiya (im Jahre 657) ab und erklärten beide um das Kalifat ringende Gegner als unrechtmäßig. Siehe auch E. A. Salem, Political Theory and Institutions of the Khawaridj, Baltimore 1959.

67   Abu-l ´Ala Maudoodi, aaO. S. 13 ff.

68   Maudoodi, ebenda, S. 13.

69   Ebenda, S. 34. Damit sind offenkundig die freiheitlich demokratischen Ordnungen im Westen gemeint, deren Legitimierung auf Volkssouveränität beruht. „Maulana Maudoodi (Maududi) und seine Organisation Jama´at-i-islami propagierte vor und nach 1947 (das Jahr der Unabhängigkeit Pakistans) das Konzept einer Theokratie, die er Theo-Demokratie nannte. Er bestand darauf, daß das Schariatrecht der guten Muslime eine Verfassung ersetze. Das göttliche Recht stehe über den menschlichen Gesetzen... Seine Bewegung wurde nach dem Muster eines Ordens autoritär organisiert, und er verlangte:

a) Anerkennung der Souveränität Gottes

b) Monopol des Schariatsrechtes

c) Invalidierung aller Gesetzgebung, die nicht den religiösen Gesetzen entspricht.

Pakistan, S. 251, hrsg. von M. Usman Malik und Annemarie Schimmel, Horst Erdmann Verlag, Tübingen und Basel 1976. Vgl. dazu: Means and Methods of Enforcing Islamic Law in Pakistan, in: Islamic Law, S. 36, Lahore 1948.

Anmerkungen zu II – 5:

70 Robert C. Zaehner: Mystik, Harmonie und Dissonanz. S. 37, Walter-Verlag, Olten 1980

71 AaO. S. 37 f.

72 AaO. S. 38

73 Bezeichnenderweise ist diese traditionell-orthodoxe Überlegung auch der Ausgangspunkt Khomeinis bei der Begründung der Notwendigkeit einer islamischen Regierung; er geht dabei von der Unzulänglichkeit göttlicher Gesetze an sich für das Heil der Menschen aus, um damit um so kräftiger die Notwendigkeit eines Zwangsapparates zwecks Durchsetzung der Gesetze zu betonen. Vgl. Abschn. A der Übers.

74 Zitiert nach Dr. ´Abdulhossein Zarinkub, Suche in Tassawuf im Iran, persischer Text, S. 214, Teheran 1357 (1978). Hier wird das Geburtsjahr des Scheichs mit 268 H. angegeben. Das Zitat selbst entstammt aus dem biographischen Werk, das der Schüler des Scheichs, Abhulhassan al-dailami, über seinen Meister verfaßt hat: sirat al-Scheich al-Kabir.

75 R. A. Nicholson gesteht ein, daß er in seinen späteren Studien über den Sufismus zu der Überzeugung gelangt sei, daß die Lehre der Sufis eng mit dem Glauben an einen persönlichen Gott verbun-

den ist. Vgl. Idea of Personality in Sufism, Cambridge University Press.

76 Goldziher, aaO. S. 154 f.

77 Kellerhals, aaO. S. 147.

78 Ebenda, S. 149. „Der die Propheten inspirierende Gott ist, in den Worten Radhakrishnans, nicht nur irrational, sondern grausam, rachsüchtig und unzivilisiert," R. C. Zaehner, aaO. S. 38.

79 Die Mu´taziliten waren die ersten, die die koranische Lehre von ´Tauhid´ zu einem übertriebenen abstrakt-rationalistischen Monotheismus entwickelten. Sie lehrten, daß Eigenschaften mit der Einzigkeit Gottes kontradiktorische Gegensätze bilden.

80 Djami: Lawajeh.

81 Mawlavi Rumi: Matnawi.

82 Im übrigen sind Elemente aller drei Vorstellungen im Koran vertreten.

83 Bei der Lektüre der Khomeinischen Schrift wird man den Eindruck nicht los, daß er auf dem Boden einer solchen Vorstellung steht: Das Riesenrad der gesellschaftlichen Wirklichkeit scheint so viele Defekte und Disfunktionalitäten aufzuweisen, daß die Bestellung eines theologischen Uhrmachers durch Gott geradezu unerläßlich sei. Anders bei Schariati. Er faßt das ganze Sein als einen lebendigen göttlichen Organismus, der den Begriff von ´Wesensgliedbau´ von Krause (1781-1832) in Gedanken wachruft. Vgl. Krause: Vorlesungen über das System der Philosophie, 1828.

84 Wir sprechen zwar von einer eigentümlichen Lehre der Sufis, aber nicht von einer einheitlichen Lehre; eine solche hat der Sufismus nicht hervorgebracht. Dennoch gibt es Gemeinsamkeiten, so daß Bertels die Hauptlehren der Sufis in: Seinslehre, Seelenlehre und Erkennislehre teilen kann. Siehe: Der Sufismus und die sufische Literatur, J. E. Bertels, persische Übersetzung aus dem Russischen durch S. Izadi. Teheran 2536.

85   Hallag (858-922), der berauschte Sufi von Fars (Iran), ging in der Lehre von Einheit von Gott und Seele so weit, daß er konsequent ausrufen konnte: Ich bin Gott! (= ana al-haqq) Die Orthodoxie zu Baghad konnte eine solche göttliche Würde und Macht des Menschen nicht einfach hinnehmen, denn damit wäre ihre (Gesetzes-)Herrschaft in Frage gestellt. So wurde er unter dem Druck der orthodoxen Fuqaha zum Tode verurteilt und schließlich hingerichtet. Zu politischen Gründen der Hinrichtung von Hallag siehe auch L. Massignon: La passion d´al-Hosayn ibn Mansour al-Halladj, 2 Bde. Paris 1922, und Annemarie Schimmel: al-Halladsch, Märtyrer der Gottesliebe, Köln 1969. Zum hellenistischen Einfluß siehe: Tor Andrae, wo er schreibt: „Die berühmte Aussage Hallag´s, ana al-Haqq bedeutet inhaltlich ganz dasselbe wie das der von Celsus erwähnten Propheten." ´Die Person Muhammeds´, S. 296 f., Stockholm 1918.

86   Vgl. Mawlawi folgende Verse:

„Wenn es keine Liebe gegeben, hätte es kein Sein gegeben. Du hättest kein Brot eingenommen, und Du wärest nicht Mensch geworden."

„Wenn es der reinen Liebe wegen nicht wäre, hätte ich den Himmeln keine Existenz verschafft."

87   Tamhidat, 162.

88   Maulawi: Matnawi.

89   Maulawi, ebenda.

90   Geb. 492 H. in Hamadan, hingerichtet 525 H. in seiner Heimatstadt.

91   Tamhidat, 163.

92   Dr. ´Abd al-Hassan Zarrin-Kub, aaO. S. 155.

93   Dr. Khalifa ´Abd al-Hakim: The Metaphysics of Rumi, zitiert nach der persischen Übers. S. 59 f.

94   Zitiert nach Goldziher, aaO. S. 172.

95   Farid ad-Din ´Attar: tadhkirat al-Aulija II, 274. Zitiert nach Goldziher, aaO. S. 172. Goldziher übersetzt das Wort ´rububijja´ mit ´Gottesherrschaft´, während ich der Meinung bin, daß zumindest bei sog. berauschten Sufis (im Gegensatz zu den sog. nüchternen Sufis) das Moment der Herrschaft zum Begriff von ´ubudijja´ gehört. Das Wort sollte also in diesem Zusammenhang besser mit ´göttlicher Ordnung´ übersetzt werden.

96   Maulawi: Matnawi

97   Maulawi: Matnawi

98   Diwan-i schams-i Tabrizi.

99   Goldziher, aaO. S. 170

100   AaO. S. 346, Anmerkung 160.

101   Maulawi: Matnawi

102   Nomistische und anomistische Sufis, siehe: Goldziher, Massignon, Zarrin-kub und andere!
Die Darstellung der Lehren von gemäßigten Sufis, die zwischen der Religion, der Liebe und der Gesetze eine Versöhnung anstrebten, unterlassen wir hier bewußt und verweisen auf die einschlägige Literatur!

103   Risala´ entstammt aus dem Jahre 1045 ch. und verkörpert sozusagen ein ‘Rundschreiben´ an die Sufiorden in allen Ländern der islamischen Welt. Zitiert nach Goldziher, aaO. S. 174-175 ff.

104   ´Ayn al Ghoddat, zitiert nach Dr. Zarrin-kub, aaO. S. 196.

105   Journal asiatique, 1879, II, 377 ff. 451. Zitiert nach Goldziher, aaO. S. 156-157 ff. Auch hier, wie in der Frage der Liebe, sind wir Zeugen der prinzipiellen Auseinandersetzung der Sufis mit der platonischen Philosophie. Der hauptsächliche Einwand der Sufis richtet sich gegen die rationale Erkennbarkeit des wirklichen Seins durch die theoretische Vernunft; diese basiere notwendig auf der prinzipiellen Scheidung von Subjekt und Objekt, und kann von daher nie die einheitliche Substanz des Seins erfassen. Das könne nur die Leistung der Liebe sein, die durch die intuitive Schau der göttlichen

Wahrhaftigkeit eines Wesenseinheit ermöglicht. Siehe als Beispiel für die Rezeption der platonischen Erosgedanken: Traktat der Liebe, von Ibn Sina. Vgl.: Liebesbegriff bei Maulawi und Platon ist am besten bei Dr. Khalifa ´Abd-al Hakim verglichen und Gemeinsamkeiten und Unterschiede herausgearbeitet worden. Siehe Kap. ´Liebe´ in: The Metaphysics of Rumi.

106 „Die in der islamischen Gnosis zur vollen Entfaltung gelangte Idee des vollkommenen Menschen ist eine Schöpfung dieser „magischen Kultur" und ein unvergleichlich eindrucksvolles Symbol für sie. Sie geht in letzter Instanz auf die Gestalt des Urmenschen in der altiranischen Spekulation zurück." Hans H. Schaeder: Die islamische Lehre vom vollkommenen Menschen ... in: ZDMG, Leipzig 1924, S. 201 Neue Folge, Bd. 3.

107 „Sechstens (nach Himmel, Wasser, Erde, Pflanzen und Urrind) schuf er den gerechten Menschen zur Niederschlagung und Machtberaubung des Bösen Geistes und aller (?) Devs." „Gayomards Kennzeichnung (= spezifische Bestimmung) bestand darin, daß die Menschen aus seinem Samen und nach seinem Vorbild entstanden sind, und er schuf ihn zur Hilfe, d. h. zur Beglückung des Schöpfers." Große Bundahisn, 17, 12 und 21, 11, zitiert nach H. H. Schaeder, Fußnote S. 206 aaO. Bezeichnenderweise kommt der dualistische Topos von Gott – Satan in der islamischen Revolution im Iran mit aller Vehemenz und praktisch-politischen Folgen zum Vorschein: Khomeini spricht von vielen ´kleinen und großen Teufeln´ im Inn- und Ausland, die entmachtet und niedergeschlagen werden müßten, und weitere Teile des fundamentalistischen Klerus haben aus dem göttlichen Prinzip die Herrschaft einer einzigen Partei abgeleitet: Hizb ul-lah! Siehe hierzu: Die islamische Ideologie im Iran, in: Politische Studien, Sonderheft 3/1980.

108 Siehe im einzelnen hierzu: H. H. Schaeder´s, R. Reitzenstein´s, W. Bousset´s, Tor Andrae´s spezifische Forschungsarbeiten.

109 Dr. Khalifa ´Abd al-Hakim, aaO. S. 109 persischer Übersetzung.

110   J. E. Bertels, aaO. S. 36

111   Tamhidat, zitiert nach Dr. Zarrin-Kub, aaO., S. 202.

112   Hierfür entwickelten die Sufis eine spezifische pädagogische Vorgehensweise, die mehrere Stadien bis hin zur Wesenseinheit mit Gott einschloß. Siehe dazu die einschlägige Literatur über den Sufitum!

113   „Bei Scheich ´Abd al-Qadir Gilani hat der Verzicht auf den persönlichen Willen, der die Grundlage der christlichen Ethik ausmacht, eine besondere Bedeutung; er kommt in seinen Lehren immer wieder auf diesen Punkt zurück und nennt ihn als die Bedingung für die Einheit mit Gott." Dr. Zarrin-Kub, aaO. S. 170-171 f.

114   Von daher haben auch die Sufis ihren Namen: Die Leute, die ´Suf´ tragen.

115   „Nach langen Jahren der Askese und Enthaltsamkeit warf schließlich Scheich Abu Sa´id Abul-Khair die Wissenschaft, die Lehre und die Bücher beiseite; er vergrub seine Bücher und pflanzte darauf Bäume" Dr. Zarrin-Kub, aaO. S. 62

116   „Salmi berichtet von Schebli, daß er sagte: Selbst wenn alle Erdenbewohner mir zustimmen würden, wäre das für mich eine einzige Katastrophe, denn ich denke dabei, daß sie mich nicht bejubeln würden, wenn nicht mein Geschmack und Charakter dem ihren gleichen würden" Dr. Zarrin-Kub, aaO. S. 156-157 f.

117   „Einer der hervorragendsten dichterischen Vertreter dieser Zuhdkonzeption, Abu-l-´Atahija, stellt als Musterbild des hochgeachteten Menschen hin: Den König im Gewande des Bettlers; er ist es, dessen Ehrfurcht groß ist unter den Menschen ..." <u>Goldziher</u>, aaO. S. 159 ff.

„Es gibt eine reiche Gruppe von asketischen Geschichten, die sich um diesen Gegenstand – Machtüberdruß – dreht."

<u>Goldziher,</u> aaO. S. 161 ff.

„Die Organisationen von Derwischen hatten in den Städten eine enge Beziehung mit den Handwerkerkreisen und rekrutierten ihre meisten Jünger aus den Handwerkern. Man erfährt aus den Lebensbeschreibungen der berühmten Scheichs, daß sie in ihrer überwältigenden Mehrheit auch ein Handwerk ausübten." Bertels, aaO. S. 48 ff.

118   So nennt Bastami „die ´Ulama und Fuqaha als die Leute der Welt, die keinen Zugang zum Gottesreich haben." Dr. Zarrin-Kub, aaO., S. 44 ff.

Von Sultan Mahmud wird berichtet, daß er bei seiner Reise nach Harqan den Wunsch geäußert hatte, den berühmten Sufi Abu al-Hassan Harqani zu sehen. Er aber zögerte. Sultan Mahmud erwiderte darauf: „Wenn er weiter zögert, so lest ihm den Koranvers vor: Gehorchet Gott, dem Gesandten und denen, die von Euch Befehle erteilen! Harqani antwortete darauf: Abu al-Hassan ist so sehr mit ´Gehorchet Gott´ beschäftigt, daß er sich ´des Gehorchet dem Gesandten´ schämt, geschweige denn, daß er dem ´Gehorchet dem Befehlenden von Euch´ nachkommen kann." Dr. Zarrin-Kub, aaO. S. 57-58 ff.

119   Abu Sa´id Abul-Khair hat zum ersten Mal „Ghazal, Tanz und Musik im Khorassan unter den dortigen Sufis verbreitet." Dr. Zarrin-Kub, aaO. S. 60 ff.

Das hat, so Dr. Zarrin-Kub, eine derartige Empörung unter den Fuqaha heraufbeschworen, daß man gegen die Sufis bei Sultan Mahmud Anklage erhob; sie konnten nur knapp der Todesstrafe auf Häresie entkommen. Vgl. S. 61 ff. aaO. Auch Ghazali, der den großartigen Versuch unternahm, um zwischen der Innerlichkeit der Liebesreligion der Sufis und dem Formalismus und Legalismus des rechtgläubigen Gesetzesislam (Schari´a) den Ausgleich zu schaffen, befürwortete die Musik und den Gesang (suma´), weil diese die Liebesgefühle erweckten, doch hielt er zugleich diejenige Musik, die die körperlichen Leidenschaften wachruft, für unzulässig. Vgl. die bekannten Abschnitte in den beiden Werken von ihm: Ihya al-´Ulum ad-Din (die Wiederbelebung der religiösen Wissenschaften) und Kimiya-i S´iada (die Alchemie der Glückseligkeit).

120   Zu diesen Versuchen siehe im einzelnen: Grundzüge der islamischen Ideologie im Iran, politische Studien, Sonderheft ´Der Nahe
Osten´ 3/1980, München, Olzogverlag und Detlev Khalid´s Beitrag: Das Wiedererstarken des Islam als Faktor sozialer Umwälzungen, in: Beilage zur Wochenzeitung ´Das Parlament´ vom
10.03.1979.

Anmerkungen zu II – 6:

121   Gemeint ist hier die Imamiya oder der Zwölfer-Schiismus,
der die größte Gemeinde unter den Schiiten und die am weitesten
entwickelte Literatur unter ihnen besitzt.

122   Eine vierte Macht wird für die schiitischen Imame angenommen: die der Mittler zwischen Gott und Mensch, eine Macht also,
kraft derer die Erfüllung der Wünsche oder die Behebung der Nöte
verlangt und angefleht wird. Falaturi führt die Annahme von einer
solchen Mittler-Macht auf den Volksglauben zurück. Sie sei, so
Falaturi, vom Standpunkt der reinen Lehre „Götzendienerei" (Sirk)
und „Gotteslästerung" (kufr). Selbst der 8. Imam, wie Ibn Babawaih
in, ´aqa´id, berichtet, habe gesagt: „O Gott, ich bin Dein Knecht
und Sohn Deiner Knechte. Wir besitzen keine Macht zu schaden, zu
nutzen, sterben zu lassen und auferstehen zu lassen. O Gott, wer
behauptet, wir schaffen und ernähren, von dem sagen wir uns los,
wie sich Jesus von den Christen lossagte ..." Die tiefliegende Problematik dieser Divergenz zwischen der reinen Lehre und der so
erlebten Religion der Massen, wird erst dann ersichtlich, wenn man
auch die ökonomische Abhängigkeit der schiitischen Theologen,
worauf Falaturi aufmerksam macht, in Betracht zieht. Siehe „Die
Zwölfer-Schia aus der Sicht eines Schiiten", in: Festschrift Werner
Castel, S. 71 ff., Leiden 1968.

123   ´Realhistorie´ füge ich der Einstellung und Termini Henri
Corbins zu, wo er von einer Hierohistorie und Metahistorie im Islam spricht. In der Metahistorie überragt Gott mit seinem

Unterwerfungsvertrag mit Menschen; in der Hierohistorie triumphiert das einzige Licht Mohammad´s und der Imame. Siehe Corbins Buch: Histoire de la Philosophie islamique, persische Übers. Teheran 1352 und 1358.

124   R. Strothmann, Die Zwölfer-Schia, S. 6 f, Leipzig 1926.

125   AaO, S. 3 ff.

126   Mit Ausnahme von Fatimiden, die nicht Zwölfer-Schiiten waren, und von 909-1171 n. Chr. in Nordafrika ein eigenes schiitisches Kalifat gegründet hatten.

127   Aqa Scheich Muhammad Husain Na´ini: Tanbih al-Umma wa tanzih al-Milla. Diese Schrift ist eine gründliche, „moderne", politik-theoretische Auseinandersetzung des Schiismus mit den Kräften „politischer und religiöser Despotie", um die Legitimität des konstitutionellen, parlamentarischen Verfassungsstaates nachzuweisen. Na´inis Urteilsschrift wurde auch von den damaligen großen Autoritäten der schiitischen Welt wie Muhammad Kazim Hurasani und ´Abdallah al-Mazandarani mit entsprechenden Gutachten bekräftigt. Die Schrift selbst sowie die genannten Gutachten tragen das Datum 1327 H.

128   AaO. S. 8 ff., persischer Text. Teheran, hrsg. von Ayatollah Taleghani, 1334/1955.

129   Hieraus kann man nur bedingt von einer interessanten Parallele mit J. Lockes 'Trust´-Gedanken sprechen, denn der theologische Background des Begriffs ´amana´ ist ein Koranvers, der durch die schiitische Auslegung und nach schiitischem Selbstverständnis auf das Regiment, das besondere Kalifat der Imame hinausläuft, wie wir darauf zurückkommen werden.

130   Siyasa Schar´iya (= Auf der Schari´a ruhende Regierung), zitiert bei E. I. J. Rosenthal, aaO. S. 155. Rosenthal fügt dort hinzu: „Diese Furcht vor Anarchie wurde von allen Juristen geteilt. So berufen sich Al-Ghazali und Ibn Djama´a auf ein ähnliches Hadith." Diese etatistische Einstellung der Orthodoxie wird, wie wir im Abschnitt Sufismus sahen, zumindest von den radikalen Sufis nicht geteilt, ja strikt abgelehnt.

131 Soweit aus der Literatur ersichtlich, ist Na´ini einer der ersten Polit-theologen, der den Begriff ´Wilayat-i Faqih´geprägt hat. Sein Einfluß auf Khomeini und Taleghani wird von beiden zugegeben. Siehe Geleitwort Taleghani´s zu ´Tanbih al-Umma wa Tanzih al-Milla´ und Khomeini´s Schrift ´Wilayat-i Faqih´.

132 Siehe für die hier dargebotene zusammengefaßte Rezeption Na´inischer Gedanken: Tanbih al-Umma wa Tanzih al-Milla.

133 Tanbih al-Umma wa Tanzih al-Milla, Randglossen zur Seite 99 ff. des persischen Textes.

134 Vgl. hierzu auch die übersetzte Schrift Taleghani´s im Gottesstaat (erscheint noch)

135 Hanna al-Fahuri und Khalil al-Garr: Die Geschichte der Philosophie in der islamischen Welt, S. 435 ff., persische Übersetzung aus dem Arabischen, 2 Bd., Teheran 1358 (1979) zweite Aufl.

136 Siehe hierzu insbesondere Al-Farabis: ´uyun al- Masa´il und as-Siyasat al-Madaniya.

137 Den vernünftigen Seelenteil selbst unterteilt al-Farabi wie Aristoteles in theoretische ( ) und praktische ( ) Vernunft. Siehe vor allem al-Farabis Schriften: risala fi al-´Aql und ´Ara´ahl al-Madina al-fadila.

138 ´Ara´ ahl al-Madina al-fadila, S. 82.

139 Ebenda, S. 84.

140 as-Siyasat al-Madaniya, S. 49.

141 Ebenda, S. 50.

142 Weder Name der Autoren noch das Jahr der Veröffentlichung ihrer Werke sind hinlänglich durch Forschung bekannt.

143 In diese Einheitslehre fanden sowohl die dualistischen Religionen, das Judentum, das Christentum und der Islam Eingang, wie auch pythagoräische, platonische, aristotelische, neu-platonische, iranische und indische Philosophien. Vgl. hierzu: Die Geschichte der Philosophie in der islamischen Welt. 1. Bd. S. 190 ff.

144 ar-Rasa´il, Bd. 1, S. 131 ff.

145   ar-Rasaʾil, Bd. 4, S. 30 ff.

146   ar-Rasaʾil, Bd. 4, S. 404 ff.

147   AaO., S. 406 ff.

148   Ebenda, S. 407 ff. Interessant ist in diesem Zusammenhang der Ausdruck ʿkörperliches Kalifatʿ, dessen Gegenstück wohl das spirituelle, das besondere Kalifat bildet.

149   ar-Rasaʾil, Bd. 4, S. 30.

150   Ebenda, S. 30.

151   Das Regiment der Theologen (Wilayat-i Faqih) des Ayatollah Khomeini im heutigen Iran hat in dieser Theo-Aristokratie seinen Ursprung mit dem nuancierten Unterschied, daß dort von ʿElitenʿ die Rede ist, während bei Khomeini die Gesetzes gelehrten (Fuqaha) die Herrscher sind.

152   Während der Topos vom Kampf der Gegensätze Gott – Teufel bei Dr. Ali Schariati wesentlich in der Natur des Menschen begründet ist und in Gestalt von Kain und Abel zu einer geschichtsrevolutionären Erklärung herangezogen wird, macht Ayatollah Khameneh-i aus ihm eine Teilung der Gesellschaft in die ʿPartei Gottesʿ (hizb ul-lah) und die ʿPartei des Teufelsʿ (hizb usch-Schaitan); in der praktischen politischen Auseinandersetzung jedoch bedeutet sie eine bedenkenlose Diskriminierung und Unterdrückung der Andersdenkenden bis hin zur physischen Vernichtung! Siehe hierzu: Grundzüge der islamischen Ideologie im Iran, aaO. S. 46 ff. und den übersetzten Text von Schariati im Appendix.

153   Römerbrief 13, 1-7.

154   Ebenda.

155   F. M. Stratmann: Die Heiligen und der Staat. Die Staatslehre des hl. Paulus, S. 68 f.

156   ... zitiert bei F. M. Stratmann, aaO. S. 71 f.

157   F. M. Stratmann, aaO. S. 73.

158   Dem widerspricht eine Überlieferung von Imam Sadiq, dem 6. Imam der Schiiten (765 n. Chr.): „Er sagte: Gott der Erhabene

und Majestätische ließ eine Offenbarung an einem seiner Propheten im Lande eines Tyrannen ergehen mit dem Auftrag, er solle doch zu diesem Tyrann gehen und ihm sagen, daß Ich (Gott) dich nicht eingesetzt habe, damit du Blut vergießt und den Besitz der Menschen an dich reißt; Ich habe dich (vielmehr) eingesetzt, damit du den Hilferufen der Unterdrückten zuvorkommst (d. h. ihnen Gerechtigkeit gewährst), denn Ich werde nicht auf ihr Recht verzichten, auch wenn sie Ungläubige sind." Kulaini, Al-Kafi, Bd. 4, S. 18, Kapitel `az-zulm´ (Ungerechtigkeit, Unterdrückung). Der große schiitische Kommentator Maglisi schreibt dazu: „Ich werde nicht auf ihr Recht verzichten, ist eine Androhung der Tyrannen in bezug auf den Untergang der königlichen Herrschaft, denn Königtum bleibt mit Unglauben bestehen, aber es verfällt mit Ungerechtigkeit." Ebenda, Fußnote S. 18. Nach dieser Überlieferung ist nur ein gerechtes Königtum, ein gerechter Staat auf Gottes Anordnung zurückzuführen, was die paulinische Lehre vom Wesen des Staates nicht ganz deckt. Immerhin aber wird dem gerechten König, dem gerechten Staat zugestanden, daß er göttlich eingesetzt sei. Dies allerdings widerspricht den Staatslehren der Ihwan a-Safa´ und denjenigen der extremen Schiiten, die das Imamat bzw. die Regierung der Stellvertreter der Imame (Khomeini: `Wilayat-i Faqih´) einzig für göttlich und legitim halten. Interessant ist in diesem Zusammenhang auch der Gedanke sowohl bei Imam Sadiq als auch bei Maglisi, daß die letzte Bestimmung des Staates, mit der er besteht oder fällt, die Gerechtigkeit sei, womit auch die Ungläubigen bedacht sind.

159   Koran 38, 26 (nach Paret), siehe auch Koran 2, 30.

160   „Jemand fragte den 6. Imam, was sei die Vernunft? Er erwiderte, die Vernunft sei das, womit an Gott geglaubt und das Paradies erlangt wird. Er fragte wieder, was hätte denn Mu´aviya? Imam erwiderte, er hätte List und Satanisches (praktische, politische Klugheit), was der Vernunft ähnelt aber nicht Vernunft sei." Kulaini, Al-Kafi, Bd. 1, S. 16 ff.

161   Koran 6, 116. Musa bin Ga´far, der 7. Imam (799 n. Chr.) sagt bei der Auslegung dieses Verses, daß „Gott die Mehrzahl der

Menschen getadelt habe", weil die Masse „kein Wissen besitzt",
„keine vernünftige Überlegung hat", „kein Bewußtsein hat": Kuliani,
aaO. S. 23.

162   Koran, 33, 72.

163   Histoire de la philosophie islamique, persische Übers. S. 57
f. Teheran 1979.

164   Koran, 4, 59.

165   Siehe Kulaini´s Al-Kafi sowie ´magma ´ al-bayan´.

166   Mehdi ´Alihi Qamsai: Randkommentierung zum Koran. Sure
4, Vers 59.

167   Siehe 'Wilayat-i Faqih' Khomeini unterscheidet zwischen einer kosmogenetischen und einer übertragenen 'Wilaya´; während
die kosmogenetische 'Wilaya´ den Imamen vorbehalten sei, würde
die Unterlassung der ´übertragenen Wilaya´ seitens der Fuqaha der
Suspendierung der Religion schlechthin gleichkommen. Bemerkens-
wert ist in dieser Argumentationsweise die totale Politisierung des
Begriffs der Wilaya, womit ausdrücklich die politische Herrschaft
der Theologen verstanden wird.

168   Koran, 33, 6.

169   Scheich ´Ali Tehrani: madina fadila im Islam (Musterstaat
im Islam), S. 49 ff. Maschhad 1975.

170   Koran 5, 55.

171   Imam Sadiq, zitiert bei Kulaini, siehe ´Kitab al-Hugga, S.
348 f.

172   Ebenda, S. 354 f.

173   Ebenda, S. 355 f. Eine weitere Gruppe gibt es laut Imam Sadiq,
die weder die Imame liebt, noch sie haßt. Diese dritte, unparteiische
Gruppe nennt er dann die ´in die Irre Gehenden´, vgl. aaO. S. 354 ff.

174   Vorlesungen über den Islam, S. 204 f. Die anderen von
sunnitischer Welt anerkannten 5 Grundpfeiler des Islambekenntnisses
sind: 1. Das Bekenntnis zum einzigen Gott und die Anerkennung
Muhammad´s als den abschließenden Gesandten Gottes; 2. Das

Gebet; 3. Die Almosensteuer; 4. Das Fasten; 5. Die Wallfahrt zum Gotteshaus, der Ka´ba.

175 ´Ali al-Kari, Scharh al-fikh al-akbar (Kairo 1323) 132 oben, zitiert nach Goldziher, aaO. S. 205 f.

176 Kulaini, aaO? Zitiert nach H. Corbin, aaO. S. 71 f.

177 24, 35. Nach dem gemäßigten Schiismus sind dies ´die Vierzehn Unsündbaren´, d. h. Muhammad, Fatima und die 12 Imame!

178 Zitiert nach H. Corbin, aaO. S. 70.

179 Goldziher, aaO. S. 206 f.

180 Ebenda, S. 206 f.

181 Die Person Muhammads, S. 320 f, Stockholm 1918

182 Filippani-Roconi, Pio: The Tradition of Sacred Kingship in Iran, in: Iran under the Pahlavis G. Lenczowski (edit.) Hoover Institution Press, Standf. Univ. Calif. 1978.

183 R. Strothmann: Schiiten und Charidschiten, in : Handbuch der Orientalistik, VIII Bd., S. 482 ff., 1964, Leiden/Köln.

184 Goldziher, aaO. S. 206 ff.

185 Wilayat-i Faqih´, siehe die Übersetzung, S. 31 und 32 ff. Diese Aussage Khomeini´s rückt ihn haarscharf in die Nähe der extremen, übertreibenden Schiiten, ´Ghulat´; und zwar in zwei Punkten: 1. Indem die Imame inmitten der göttlichen Sphäre erhoben werden und problematische Folgen für den strengen Monotheismus des Islam verursachen, und 2. indem die Imame (mit Ausnahme von Muhammad) über die Schriftgesandten (Nabi mursall) wie Moses und Christus gestellt werden. Die Schriftgesandten bzw. die gesandten Propheten werden allgemein als sieben anerkannt: Adam, Noah, Abraham, Moses, David, Christus, Muhammad, Vgl. H. Corbin, aaO. S. 76 ff.

186 M. T. Schari´ati, Kalifat und Wilaya aus der Sicht des Koran und der Sunna, S. ...

187 Max Horten´s Übersetzung: Philosophie der Erleuchtung nach Suhrawardi (1191 +), S. 54 ff.

188 Goldziher, aaO. S. 206.

189 Maglisi, Kommentar zu ´al-Kafi´, Kitab al-hugga, S. 327, siehe auch die ´´isma-lehre´ des Islam, bei Tor Andrae: „Die Person Muhammad´s", S. 124 ff. Der Prophet selbst hat bei mehreren Gelegenheiten keinen Hehl daraus gemacht, sündhaft zu sein. Vgl. Koran 48, 2 und 47, 21!

190 Al-Kafi, Kitab al-Hugga, S. 335.

191 Ebenda, S. 333.

192 „Die Vorstellung von der ´Wiederkehr´ selbst ist nicht ihr origineller Gedanke. Dem Islam ist dieser Glaube wahrscheinlich aus jüdisch-christlicher Einwirkung zugeflossen. Der ins Himmelreich versetzte und am Ende der Zeiten zur Wiederherstellung der Herrschaft des Rechtes wieder auf Erden erscheinende Prophet Elias ist wohl das Urbild der der Erde entrückten und unsichtbar lebenden „verborgenen Imame", die dereinst als welterlösende Mahdis wieder erscheinen werden." Goldziher, aaO. S. 217 ff.

193 In der schiitischen Epistomologie wird zwischen sensualistischem, rationalistischem und intuitivem Wissen unterschieden. Das intuitive Wissen steht über den zwei anderen Arten von Erkenntnissen und bezieht sich, wie Corbin feststellt, auf ´lemundus imaginalis´; diese Erkenntnis ist die Quelle der geistig-spirituellen Macht der Imame und von der materiellen und vergehenden Zusammensetzung des Seins unabhängig. Vgl. aaO. S. 80 ff. „Fürwahr – so läßt man ´Ali selbst lehren -, das Wissen, das Adam aus dem himmlischen Paradiese zur Erde brachte, und alle Kenntnis, durch die die Propheten bis zu ihrem Siegel (d. i. Muhammad) ausgezeichnet sind, ist bei der Nachkommenschaft des Siegels der Propheten." Kummi, Koran-Erklärung, S. 343. Zitiert nach Goldziher, aaO. S. 213 ff. Vgl. dazu Anmerkung 93, S. 358 ebenda.

194 Goldziher, aaO. S. 215 ff.

195 A. F. Badshah Husain, Husain in the Philosophy of History, Lacknan 1905, S. 14, zitiert nach Goldziher, aaO. S. 359, Anmerkung 98.

116

196   AaO. S. 215 ff.

197   Vgl. näheres Henri Corbin, Histoire de la philosophie islamique.

198   Al-Kafi, Kitab al-hugga, S. 331 ff.

199   Ebenda. S. 336 ff.

200   Ebenda, S. 376 ff: „Wulatu amri lil-lah".

201   Ebenda. S. 367 ff: „hazanatu ´almihi".

202   Ebenda, S. 379 ff: „Arkan al-ard".

203   Ebenda, S. 384 ff.

204   Ebenda, S. 388 ff. Vgl. den hier zitierten Koranvers 33, 36.

205   Wie in der Staatsmetaphysik Platon´s die Philosophenkönige das Medium bilden, durch welches der Staat am Reich der Ideen beteiligt wird, so ist – vor allem durch die sufische Interpretation des schiitischen Gedankengutes – die staatliche Herrschaft der Imame das vermittelnde Bindeglied zwischen dem menschlich-materiellen Reich mit dem präexistenten Nous. So sagt al-Qajsari: „Wir haben festgestellt, daß jeder von den göttlichen Namen eine Gestalt in dem Wissen (Gottes) hat, genannt mahijja oder ´ajntabita (Idee in Gott), und daß jeder von ihnen eine wirklich existierende Gestalt (sura hariggijja) hat, genannt mazhar (Manifestation) und maugud ´ajni (etwas wesenhaft Existierendes, reale Idee), und daß die göttlichen Namen die Herren dieser Manifestationen sind... Wenn Du nun weißt, daß die haqiqa muhammadijja (Logos Muhammad´s) die Gestalt des vereinigenden (gami´) göttlichen Namens ist, von welchem diese Namen emanieren und durch welchen sie bestehen, so wisse, daß es die haqiqa muhammadijja ist, von deren Herrn, der sich in ihr manifestiert, alle Gestalten der Welt beherrscht werden, denn er ist der Herr der Herren... Diese Herrschaft kommt der haqiqa muhammadijja nur insofern zu, als sie haqiqa ist, nicht nach ihrer menschlichen Seite... Also: die göttliche Macht (rububijja) über die Welt besitzt er durch die göttlichen Attribute, die ihm durch seine (geistige) Rangstufe zukommen. Seine Schwäche, seine Armut und der irdische Mangel, der ihm haftet, rühren von der menschlichen

Seite seines Wesens her... Da nun diese halafa (Stellvertretung) Gottes in der Welt notwendig ist ..., so ist es notwendig, daß der Stellvertreter zu jeder Zeit erscheine, damit der vertrauliche Umgang (al-isti´nas) (mit der Gottheit) stattfinden könne... Al-Qutb ist derjenige, um welchen die Welt sich bewegt, er ist der Mittelpunkt des Kreises des Daseins; in aller Ewigkeit ist er einer, aber von dem Gesichtspunkt der Vielheit aus viele... Da das Prophetentum ... (der Gesetzgebung) abgeschlossen wurde ... wurde die Qutb-Würde auf die Walis allein übertragen. Und ununterbrochen hat also einer von ihnen diesen Grad inne, damit diese Ordnung und Folge immer bewahrt werde ..., bis die Reihe besiegelt wird durch das Hervortreten des Siegels der Heiligen ..., der das Siegel des allgemeinen Walitums ist." Mit diesem „kommt die Welt zum Ende." Matla´Husus al-Kilam 33 ff, zit. nach Tor Andrae, aaO, S. 343 ff.

206   Die Geschichte der Philosophie in der islamischen Welt, vgl. fünftes Kapitel, Ihwan as-safa´, Bd. 1 von den genannten Autoren!

207   Siehe Anm. 205, wo al-Qajsari „die menschlichen Seiten" der Propheten und Imame mit diesen Worten bezeichnet!

208   ´ilal asch-Schara-i´, 181/1, neunte Hadit, zitiert bei Khomeini ´Wilayat-i Faqih´, siehe die Übers. im Appendix!

209   Vgl. dazu George H. Sabine: a History of political Theory, publ. by Henry Holt and Comany, New York 1937, 195 und 1961.

210   Vgl. 'Wilayat-i Faqih´, Übersetzung im Appendix!

211   Khomeini, aaO, siehe ´2. Die Voraussetzungen des Regierenden´, Übers. im Appendix!

212   Khomeini, aaO, siehe ´3. Die Notwendigkeit einer politischen Revolution´, Übers. im Appendix!

213   Khomeini, aaO, siehe ´1. Der Unterschied der islamischen Regierungsweise mit anderen Regierungsweisen.´ Übers. im Appendix!

214   Ebenda.

Anmerkungen zu II – 7:

215 Vgl. ´5. Das Regiment des Theologen nach Überlieferung´,
Übers. im Appendix!

216 Khomeini, ´3. Die Regierung von Fuqaha´, siehe Übers. im
Appendix!

217 Wir haben in der soeben zitierten Stelle gesehen, daß Khomeini nach dem Wort Wilaya die Regierung und Führung, d. h. die
staatliche Herrschaft in Klammern gesetzt hat. Sinngemäß bestrei-
tet er auch in der ganzen Schrift das Regiment des Sultans sowie die
Herrschaft jeglicher politischer Eliten, die aus demokratischen Wah-
len hervorgehen. Vgl. dazu die Definition der Wilaya bei Ayatollah
Baqir al-Kamara-i, Randglossen Kulani´s ar-Rund al-Kafi, Bd. 2,
S. 140 ff.

218 Vgl. H. Corbin, aaO, S. 98 ff. Vgl. auch Bahar al-Anwar,
Maglisi, 51. Bd. S. 362 ff. Die kleine Verborgenheit dauerte 70 Jahre, während welcher 4 Stellvertreter (nuwwab arba´a): bin utman,
bin sa´id, bin Ruh und bin Samri gewirkt hatten.

219 Gesammelte und übersetzte Aufsätze von ‘Dar at-taqrib biazar
Schirazi, S. 218 ff. Teheran 1978.

220 In der Tat herrschten die 12 Imame der Schiiten insgesamt
nicht mehr als 5 Jahre und einige Monate als Kalifen!

221 Vgl. Übers. im Appendix!

222 Ebenda.

223 Ebenda.

224 Karl Petraschek: Philosophie des Staates, S. 466, 1938, Verlag für Recht und Gesellschaft, Zürich-Leipzig.

225 K. Petratschek, aaO., S. 467. Die großen gewalttätigen Erschütterungen in der islamischen Republik Iran beweisen die Rich-
tigkeit dieser Sätze noch einmal.

226   Der Spruch gilt nach sechs großen Kompendien der Hadite ´Sahih´ (richtig) genannt, als einer der sichersten Sprüche von Propheten.

227   Art. 107 sowie 111 der Verfassung der islamischen Republik Iran nennen ein „Expertengremium", welchem diese Kontrollfunktion obliegt. Jedoch ist nahezu die gesamte Mannschaft des Gremiums selbst aus ´Fuqaha´ gebildet, aus ´Experten´ der Gesetzeskunde also, die die erste Entscheidung bei der Absetzung und bei der Nominierung eines Staatsoberhauptes (Führers, Imams) spielen; Vgl. Verfassung der Islamischen Republik Iran, Iran und die islamische Republik, Heft Nr. 6, Mai 1980, Hrsg. Botschaft der Islamischen Republik Iran, Bonn.

228   Zitiert nach E. Bannert, 'Der Mensch im Islam´, in: Neue Anthropologie, Bd. S. 296.

229   Ebenda, S. 296.

230   Khomeini: Rede zur Pilgerfahrt nach Mekka, 1980, Flugblatt ohne Datum, hrsg. vom Generalkonsulat der Islam. Rep. Iran, in München.

231   Während wir heute umgekehrt die Gesetze als eine Funktion der Politik zu betrachten gewöhnt sind.

232   Ulrich Matz, Thomas von Aquin, in: Klassiker des politischen Denkens, 1. Bd., hrsg. von H. Maier, H. Rausch, H. Denzer, Verl. Beck, München 1969. Ich halte mich im folgenden an diese systematische Darstellung thomistischer Politiktheorie!

233   U. Matz, aaO. S. 127 f.

234   Khomeini, siehe ´Das Wesen der islamischen Regierungsform, im Appendix!

235   Die Besprechung der Gesetze bei Khomeini bezieht sich eigentlich nur auf das, was bei Thomas ´Lexdivina´ genannt wird!

236   U. Matz, aaO. S. 132 f.

237   Khomeini, siehe Übers. im Appendix!

238   Ebenda!

239 Bei Thomas ist selbst die lex aeterna keine statische Satzung, die von außen der Welt auferlegt ist, sondern vielmehr das innere Bewegungsprinzip der Dinge überhaupt. Vgl. U. Matz, aaO. S. 125 f.

240 Dieses starre Festhalten an den statischen Gesetzesbegriff machen die konservativen 'Ulama nicht für Rückstand muslimischer Völker verantwortlich; im Gegenteil: Der Ruf „Zurück zur Urgemeinde Medina!" ist insofern für sie der einzig gerechtfertigte Lösungsvorschlag, weil dort und nur dort einst voll und ganz das Gesetz realisiert worden sei, wonach alle weitere Geschichte eben nur eine Pervertierung des Islam darstelle. Vgl. hierzu auch F. Büttner (Hrsg.), Reform und Revolution in der islamischen Welt, München 1971.

241 Khomeini, Übers. im Appendix!

242 Khomeini: Vorwort zu „Wilayat-i Faqih´, S. 10 des persischen Originaltextes.

243 Hanafitische, von Abu Hanifa, geb. 80 n. H. (699 n. Chr.), gest. 150 n. H. (767 n. Chr.). Anhänger heute: 340 Mill.

Malikitische, von Malik, geb. 93 n. H. (714 n. Chr.), gest. 179 n. H. (798 n. Chr.). Anhänger heute 45 Mill.

Schafi´itische, von Schafi´i, geb. 150 n. H. (767 n. Chr.), gest. 240 n. H. (854 n. Chr.). Anhänger 100 Mill.

Hanbalitische, von ibn Hanbal, geb. 164 n. H. (780 n. Chr.), gest. 241 n. H. (855 n. Chr.). Anhänger 3 Mill.

Schiitische Fiqhsammlung fällt ebenfalls in diesen Zeitraum.

244 Vgl. Abschnitt 'Die Entwicklung des Gesetzes´ bei Goldziher, aaO. von S. 30 bis 70. Ebenfalls 'Die Theologie des Gesetzes im Koran´ von Adel-Th. Khoury, in: Mensch, Welt, Staat im Islam, Styra, Graz, Wien, Köln 1977. Siehe auch die neueste Literatur ´das islamische Rechtssystem´, Adel-Th. Khoury, CIBEDO-Dokumentationen, Nr. 8, Sep. 1980.

245 A. Th. Khoury, Zur Theologie des Gesetzes im Koran, aaO. S. 78f.

246 A. Th. Khoury, aaO. S. 79 f.

247 Siehe Goldziher, die Entwicklung des Gesetzes!

248 Vgl. hier den Abschnitt über Sufismus!

249 E. Kellerhals, aaO. S. 215 ff. Die echte religiöse Innerlichkeit ist sicher ein Grundzug des Sufismus, aber die politischen Implikationen bleiben bei Kellerhals und sonstwo in der Literatur unberücksichtigt!

250 Die Innovationen auf dem Gebiet der politischen Ordnungsform (Abschaffung der Despotie und Einführung einer konstitutionellen Monarchie), des Schulwesens (Einführung des allgemeinen Unterrichtes mit naturwissenschaftlichen Fächern usw.), der Gerichtsbarkeit (Einführung ordentlicher Gerichte statt Richtspruch der Mullahs), der Entschleierung der Frau wie auch Schaffung der Rechtgleichheit für sie usw. wurden im Iran seitens der konservativen ʻUlama stets mit Argwohn, ja offener Feindschaft, konfrontiert. Siehe hierzu: Ahmad Kasrawi: ʻDie Geschichte der konstitutionellen Revolution im Iranʻ. Vgl. für einen allgemeinen Überblick: Gustav e. von Grunebaum: Unity and Variety in muslim Civilization, 1955 by R. Redfield, publ. The Univer. of Chicago Press, Chicago.

251 Das ist auch im großen und ganzen der Standpunkt, von dem aus Khomeini das Problem der modernen Zivilisation beurteilt; darauf kommen wir noch mit Einzelheiten zurück.

252 Kellerhals, aaO. S. 235 f.

253 Das Problem ist allgemein bekannt, doch kaum als Gegenstand empirischer Forschung beachtet, während es doch eine dankbare Aufgabe darstellt, dem Zusammenhang von kasuistischer Ethik mit der herrschenden Korruption in den muslimischen Ländern nachzugehen.

254 R. Hrair Dekmejian: Das Wiedererwachen des Islams. The Middle East Journal, Vol. 34, 1/1980, Washington, D. C. Übers. ins

Deutsche: Politische Studien, Sonderheft 3/1980, Olzog Verlag, München, S. 20.

255   Vgl. Universal islamic Declaration. Dort heißt es: „Die Herstellung der Gerechtigkeit auf Erden ist eines der grundlegenden Ziele, für die Allah seine Propheten und seine Leitung (Koran) sandte (Koran 57.25). Alle menschlichen Wesen haben ein Recht auf alles, was Allah zur Verfügung gestellt hat; und deshalb sind Allah´s Gaben gleichmäßig an alle zu verteilen. Die Armen und Bedürftigen haben das Recht, am Reichtum des Reichen teilzuhaben (Koran 51, 19). Es ist die religiöse Pflicht der Muslime, diese Reichtümer so zu gebrauchen, daß sie damit dem Ziel der Gerechtigkeit dienen, Güte und Tugend fördern sowie Übel und Laster auslöschen (Koran 3, 110). Allah´s Reichtümer müssen davor bewahrt werden, Instrumente der Unterdrückung und Ausbeutung in der Hand irgendeines einzelnen oder einer gesellschaftlichen Gruppe oder des Staates zu werden." CIBEDO-Texte, Nr. 4, 15. Juli 1980, S. 8.

256   Siehe die Übers. von der Schrift Ayatollah Taleghani´s im Appendix!

257   Ebenda.

258   Vgl. ´Wilayat-i Faqih´, Übers. im Appendix!

259   Ebenda.

260   Wie die als mehr oder minder ´autark´ anzusehende islamische Wirtschaftsordnung diese Aufgabe innerstaatlich bewältigen könnte, ist bei Khomeini nicht näher umrissen. Nach der Verfassung der islamischen Republik Iran zu urteilen, wird die Lösung in einer privatwirtschaftlichen – genossenschaftlichen – staatlichen Mischordnung avisiert. Vgl. Kapitel 4, Wirtschaft und Finanzen. Dort lautet Art. 44: „Das wirtschaftliche System der Islam. Republik Iran gründet sich auf den öffentlichen, den genossenschaftlichen und den privaten Sektor, verbunden mit einer ordentlichen und gesunden Planung." Vgl. dazu: Katholische Sozial- und islamische Wirtschaftslehre, Heft Nr. 7, 15. Januar 1981, CIBEDO-Texte. Siehe zur Diskussion über die islamische Wirtschaftskonzeptionen auch

Michael Novak (Hrsg.) ´Capitalism and Socialism. A theological Inquiry, Copyright M. 158, 1979 American Enterprise Institute. Auch zwei Beiträge in der `Wirtschaftswoche´ Nr. 4 und 5. 1980: ´Zehn Gebote für die Wirtschaft´ und ´Die Zähmung der Gier´. Unter Bhutto wurde ´mixed economy´ als geeignetes Mittel zur Verwirklichung des islamischen Sozialismus angesehen! Vgl. das bereits zitierte Werk, ´Pakistan´ S. 217 ff.

261   Es soll in diesem Zusammenhang nur auf ein Werk verwiesen werden: ´Über die oberste Herrschergewalt nach dem moslimischen Staatsrecht´, Prof. Mare Jos. Müller, Abh. d. philosoph.-philolog. Classe d. könig. Akademie d. Wissensch. IV Bd., München 1847.

262   Vgl. Wilayat-i Faqih, Übers. im Appendix!

263   ´Die Welt´: Muhammad predigt Vergebung, nicht Rache vom 23. Juni 1979.

264   Koran 5, 33 und 34.

265   Kellerhals, aaO. S. 261 f.

266   Ebenda. S. 262 f.

267   ´Die Welt´ vom 23. Juni 1979. Herr Falaturi promovierte 1962 über das Thema „Zur Interpretation der Kantischen Ethik im Lichte der Achtung". Der Vergleich von der islamischen Gerechtigkeitsidee mit der Kantischen Sittenlehre brachte auch von daher Falaturi den Vorwurf ein „den Gipfel der Unfähigkeit zur komparativen Reflexion und damit zum Denken schlechthin" erreicht zu haben. Vgl. ´Blutrachegesetz´, S. 15. Hrsg. von ´Befreiungsbewegung Iran´, Köln, Sept. 1981.

268   Art. 1, ´Blutrachegesetz´, aaO. S. 2.

269   Art. 62, ebenda, S. 8.

270   Art. 46, ebenda, S. 19 ff. Das volle Blutgeld entspricht dem Blutgeld eines Mannes.

271   Art. 16, ebenda, S. 13.

272   Art. 18, ebenda, S. 13.

273 Spiegel, Nr. 8, 35. Jahrgang am 16. Febr. 1981.

274 Vgl. Goldziher, aaO., S. 97 ff.

275 Wilayat-i Faqih, Übers. im Appendix, die Notwendigkeit einer politischen Revolution.

276 Khomeini, Aufruf an die Pilger Mekkas, aaO.

277 Ulrich Schoen: Die Gesellschaft im Islam: Theokratie, in: Mensch, Welt, Staat im Islam, S. 123 f.

278 Islamkunde, S. 47, persischer Text. Vgl. die Übers. im Appendix!

279 Ebenda, S. 53.

280 Ebenda, S. 53, vgl. die Übers. im Appendix!

281 Vgl. H. L. Ollig, Religion und Freiheitsglaube, 1979.

282 Schariati, ebenda.

283 Schariati, ebenda.

284 Schariati, ebenda.

285 Hier und bei anschließenden Überlegungen stützte ich mich an die Gedanken, die ich in „Grundzüge der islamischen Ideologie im Iran" entwickelt habe. Siehe nach ´Politische Studien´, Sonderheft 3/1980.

286 Jetzt ´Staatspräsident´ im Iran.

287 Khameneh-i: Charakteristika der islam. Ideologie, Übers. S. 233 pers. Textes.

288 Khameneh-i, aaO. S. 233.

289 Siehe Fr. Dieterici (Hrsg.): Al-Farabis Abhandlung ´der Musterstaat´, Leiden 1900.

290 G. H. Sabine, aaO., Abschnitt: Rousseau.

291 Die hier formulierten Einwände siehe nach ´Logik der Sozialwissenschaften, hrsg. von Ernst Topitsch!

292 Khameneh-i, siehe ´Grundzüge der islamischen Ideologie, aaO, S. 33, Punkt 3. Wir haben bereits über den ´ursprünglichen Bund´ mit Gott und zwar im ersten Abschnitt gesprochen.

293 Ich folge hier im wesentlichen den Gedankengängen von Aramesch Dust-dar, dem persischen Autor von ´philosophischen Anmerkungen´ (Mulahizat-i falsafi) über Religion, Wissenschaft und Philosophie, Teheran 1980, Agah-Verlag. Die Definition der Religion als innere Begegnung mit dem Heiligen siehe R. Otto, das Heilige u. G. Mensching, die Religion, S. 16.

294 Dust-dar: aaO. S. 19. Der Autor bezieht sich hierbei auf eine Stelle von Heidegger (´Einführung in die Metaphysik´ S. 5), wo dieser streng zwischen der religiösen und der philosophischen Fragestellung unterscheidet. Die philosophische Fragestellung sei vom Standpunkt des Glaubens eine Art ´Wahnsinn´.

295 Khomeini, aaO. Vorwort des persischen Textes, S. 19 f.

296 Ebenda, S. 19 f.

297 Ebenda, S. 19 f.

298 Ebenda, S. 19 f.

299 Vgl. Jonas, H.: Das Prinzip Verantwortung, Frankf./M. 1979.

300 Khomeini, Rede vor einer Versammlung, in: Keyhan-Zeitung, 21 Khordäd 1979, Nr. 10729, S. 3.

301 Ebenda.

302 Ebenda. Der Mensch lebt eben von religiöser Anschauung nicht allein. Dies hat bereits ´Attar, der bekannte sufischer Dichter in Persien gewußt: Ein Mensch wurde daraufhin gefragt, was der größte Name Gottes sei; er antwortete: Brot! Wegen dieser törichten Antwort wurde der Fragende aber erbost und warf dem Antwortenden Schamlosigkeit vor. Er aber erwiderte wieder, daß er während der Hungersnot in Neschapur vierzig Tage lang hungrig umhergeiirt habe und während derselben Zeit weder eine Moschee habe offen gesehen noch einen Muezzin (mu´addin) gehört. Daraufhin sei ihm klar geworden, daß der allergrößte Name von Gott eben ´Brot´ sei. Siehe ´Attar: Musibat Name, S. 267.

BIBLIOGRAPHIE

1   ´Abd al-Hakim, Khalifa: The Metaphysics of Rumi, persisch.

2   Al-Fahuri, Hanna und al-Garr, Halil: Die Geschichte der Philosophie in der islamischen Welt, 2 Bd., persisch, in Übers. von Ayati, Teheran 1979+

3   Al-Farabi: - Ara´ahl al-Madina al-fadila
- as-Siyasat al-Madaniya

4   Al-Ghazali: Das Elexier der Glückseligkeit, Diederichs Gelbe Reihe, Bd. 23
Ihya´ al-´Ulum ad-Din

5   Andrae, Tor: Die Person Muhammads, Stockholm 1918

6   Antes, Peter: Der Mensch vor Gott im Islam, in: Mensch, Welt, Staat im Islam, Styria 1977

7   ´Attar, Farid ad-Din: tadkirat al-Aulija
Musibat-Name

8   ´Ayn al-Quddat: Tamhidat

9   Balandier, Georges: Political Anthropology, Hamondsworth: Penguin, 1972

10   Bannert, E.: Der Mensch im Islam, in: Philosophische Anthropologie, 1. Teil, Stuttgart 1974

11   Baruzzi, Arnold: Mensch und Maschine, München 1973

12   Befreiungsbewegung Iran (Hrsg.): Blutrachegesetz, Köln, Sept. 1981

13   Bertels, J. E.: Der Sufismus und die sufische Literatur, persisch von Izadi, Teheran 2536

14   Blumenberg, H.: Autonomie und Theonomie, in: RGG, Bd. 1, Sp. 788-792, 1957

15   Bouman, Johann: Gott und Mensch im Koran, Darmstadt 1977

16   Busse, Herbert: Der persische Staatsgedanke im Wandel der Geschichte, Saeculum, Bd. 28, Jahrg. 1977

17   Büttner, F. (Hrsg.): Reform und Revolution in der islamischen Welt, München, 1971

18   CIBEDO – Hefte: Universal islamic Declaration, Nr. 4, 15. Juli 1980, Köln

19   Katholische Sozial- und islamische Wirtschaftslehre, Nr. 7, 15. Januar 1981

20   Corbin, Henri: Histoire de la Philosophie islamique, persische Übers., Teheran 1358 (1979)

21   Debray, Régis: Revolution in Revolution? München 1967

22   Dekmejian, R. Hrair: Das Wiedererwachen des Islams. The Middle East Journal, Vol. 34, 1/1980, Washington, D. C. Übers. ins Deutsche: Politische Studien, Sonderheft 3/1980, Olzog Verlag, München

23   Dieterici, Fr.: Al-Farabis Abhandlung ´der Musterstaat´, Leiden 1900

24   Djami: Lawajeh

25   Dust-Dar, Aramesch: Mulahizat-i Falsafi, Teheran 1980, Agah-Verlag

26   Ebrahim Kermani ´Abd ar-Reza: Siyasat Mordon, persisch 1971, Kerman

27   Ehrhardt, Arnold A. T.: Politische Metaphysik von Solon bis Augustin, 3 Bd., Tübingen 1969

28   Erhard, Andreas: Metaphysik, Regensburg 1845.

29   Falaturi, ´A.: Die Zwölfer-Schia aus der Sicht eines Schiiten, in: Festschrift Werner Castel, Leiden 1968.

30   Filippani-Roconi, Pio: The Tradition of Sacred Kingship in Iran, in: Iran under the Pahlavis G. Lenczowski (edit.), Hoover Institution Press, Stanf. Univ. Calif. 1978.

31   Gardet, L.: Der Islam, 1961

32   Goldziher, Ignaz: Vorlesungen über den Islam, Heidelberg 1963

33   Grimme, Hubert: Mohammad, Münster 1895

Das Doppelgesicht des Koran, preuß. Jahrbüch.1917

34   Grünebaum, Gustav E.: Unity and Variety in muslim Civilisation, Chicago 1955

35   Guardini, Romano: Die Macht, Werkbund-Verlag Würzburg, 6. unveränd. Aufl. 1965

36   Hinz, W.: Irans Aufstieg zum Nationalstaat im 15. Jahrhundert, Berlin und Leipzig 1936

37   Horten, M.: Die spekulative und positive Theologie des Islam, Leipzig 1912

38   Philososphie der Erleuchtung nach Suhrawardi (1191 +)

39   Jonas, H.: Das Prinzip Verantwortung, Insel-Verlag, Frankfurt/M., 1979

40   Kant, Imanuel, Die Religion innerhalb der Grenzen der bloßen Vernunft, Hamburg 1956

41   Kasrawi, Ahmad: Die Geschichte der konstitutionellen Revolution im Iran, persisch, Teheran 1961

42   Kellerhals, Emanuel: Der Islam, Basel 1956

43   König, René (Hrsg.): Aspekte der Entwicklungssoziologie, Köln, Westdeutscher Verlag 1969

44   Khalid, Detlev: Das Wiedererstarken des Islam als Faktor sozialer Umwälzungen, Beilage zur Wochenzeitung ´Das Parlament´ vom 10.03.1979

45   Khameneh-i, Ayatollah: Grundzüge der islamischen Ideologie, Vorwort, persisch, Teheran 1975

46   Khomeini, Ayatollah: Wilayat-i Faqih, persisch, Teheran 1978

47   Khoury, A. Th.: Einführung in die Grundlage des Islam, Verl. Styria, 1978

Das islamische Rechtssystem, CIBEDO-Hefte, Nr. 8

48   Krause: Vorlesungen über das System der Philosophie, 1828

49   Kremer, A. v.: Geschichte der herrschenden Ideen des Islam, Leipzig 1868

50   Kulaini: Al-Kafi, 4 Bde., persisch-arabischer Text, kommentiert von Ayatollah Kamara-i

51   Lambton, A. K. S.: Islamic political Thought, in: The Legacy of Islam, Oxford 1974

52   Maglisi: Bahar al-Anwar

53   Mao-Tse-tung: Ausgewählte Werke, 1. Bd., Peking 1968

54   Massignon, L.: La passion d´al-Hosayn ibn Mansour al-Halladj, 2 Bde., Paris 1922

55   Matz, Ulrich: Thomas von Aquin, in: Klassiker des politischen Denkens, 1. Bd., hrsg. von H. Maier und H. Rausch und H. Denzer, Beck, München 1969

56   Maudoodi, ´Abu-l-Ala: Weltanschauung und Leben im Islam, hrsg. von the Holy Koran Publishin House, BRD 1977

Das Programm der islamischen Revolution, persischer Text zweite Aufl. ungefähr 1960

57   Mawlavi, Rumi: - Matnawi, überarbeitete Ausgabe von Nicholson

 - Diwan Schams-i Tabrizi

58   Müller, M. J.: Über die oberste Herrschaftsgewalt nach dem moslemischen Staatsrecht, Abh. d. Philosoph.-philolog. Classe d. König. Bayer. Akademie d. Wissenschaften, 4. Bd., München 1847

59   Na´ini, Aqa Schaikh Muhammad Husain: Tanbih al-Umma wa tanzih al-Milla

60   Nicholson, R. A.: Idea of Personality in Sufism, Cambridge Univer. Press

61   Novak, Michael (Hrsg.): Capitalism and Socialism. A theological Inquiry, American Enterprise Institute 1979

62   Ollig, H. L.: Religion und Freiheitsglaube, Königstein/Ts. 1979

63   Otto, R.: Das Heilige, 30. Aufl., München 1958

64   Pahlawi, Mohammad Reza: Die Antwort auf die Geschichte, 1980

65   Pakistan, hrsg. von M. Usman Malik und Annemarie Schimmel, Horst Erdmann Verlag, Tübingen und Basel 1976

66   Paret, Rudi: Koran, Darmstadt 1975

67   Petraschek, Karl: Philosophie des Staates, Zürich-Leipzig 1938

68   Rosenthal, E. I. J.: Politisches Denken im Islam, Saeculum, Bd. 23, Jahrg. 1972
Political Thought in Medieval Islam, Cambridge 1958

69   Sabine, George H.: a History of Political Theory, New York 1961

70   Salem, E. A.: Political Theory and Institutions of the Khawaridj, Baltimore 1959

71   Sayyid, Qutb: Charakteristika der islamischen Ideologie, persische Übersetzung von Khameneh-i, Teheran 1975

72   Sivers, Peter v.: Kalifat, Königtum und Verfall. Die politische Theorie Ibn Khalduns, Paul List Verlag 1968

73   Stratmann, F. M.: Die Heiligen und der Staat. 5 Bde. 1949-58, Frankfurt/M.

74   Strotmann, R.: Die Zwölfer-Schia, Leipzig 1926

75   Schaeder, H.: Die islamische Lehre vom vollkommenen Menschen, in: ZDMG, Leipzig 1924

76   Schari´ati ´Ali: Islamkunde, persisch, o. O. und o. J.

77   Schari´ati M. T.: Kalifat und Wilaya aus der Sicht des Koran und der Sunna, Teheran 1972

78   Schimmel, Annemarie: al-Halladsch, Märtyrer der Gottesliebe, Köln 1969

79   Schirazi, Biazar: Dar at-taqrib, Teheran 1979

80   Schoen, Ulrich: Die Gesellschaft im Islam: Theokratie, in: Mensch, Welt, Staat im Islam, Graz – Wien – Köln 1977

81   Taleghani, Ayatollah: Islam und Eigentum, persischer Text, Teheran 1979

82   Tehrani, Schaikh Ali: Madina Faila im Islam, Maschhad, 1975
Tauhid und Gotteslehre im Islam, persisch, Maschad

83   Tibi, Bassam: Re-islamization as Eultural, Revival and Search for Identity in the Islamic Middle. East: Recent Trends in: Arbeiten aus der Abteilung Entwicklungsländerforschung Friedrich Ebert Stiftung Nr. 81, September 1980

84   Topitsch, Ernst: Logik der Sozialwissenschaften, Königstein/ Ts. 1980

85   Tuhaf al-´Uqul: arabisch-persischer Text, Teheran 1350

86   Wirtschaftswoche (Zeitschr.): Zehn Gebote für die Wirtschaft, Nr. 4, 1980
Die Zähmung der Gier, Nr. 5, 1980

87   Wolffsohn, Michael: Die politische Funktion der Religion, in: Die Dritte Welt, Jahrgang 6, 1978

88   Zaehner, Robert C.: Mystik, Harmonie und Dissonanz, Walter-Verlag, Olten 1980

89   Zarrin-kub, ´Abdul-Hossein: Suche in Tassawuf im Iran, persisch, Teheran 1978

WEITERE PUBLIKATIONEN DES AUTORS

Der islamische Fundamentalismus

Eine Darstellung und kritische Beleuchtung der weltanschaulich-ideologischen Hintergründe der islamischen Revolution im Iran, anhand der Schriften von Khomeini, Taleghani, Schariati, Khameneh-i, Ebrahimi, Naini und Bani Sadr.

"Es handelt sich um die bisher gründlichste Analyse der Triebkräfte dieser Revolution, deren Erschütterungen in allen Teilen der Welt spürbar sind ..."
Hanns-Seidel-Stiftung

70 Seiten, ISBN 3-938104-03-1, Paperback, Eur 10,00

Erschienen bei:
Djassemi Verlag, Sylt • Westhüs 17 25980 Tinnum / Sylt-Ost
Tel.: +49(0)4651 6205, Fax: +49(0)4651 29356

Das Heilige Ganze

In diesem Buch geht der Autor den Schritt hin zum Ganzen, der Einheit allen Seins und Nicht-Seins. Die Annahme, daß Beobachter und das Objekt der Beobachtung sich in einem gemeinsamen System befinden und gegenseitig beeinflussen, deckt sich hierbei vollständig mit der von Heisenberg postulierten Unschärferelation.

Djassemis philosophische Theorien sind nicht gebunden an eine bestimmte theologische Richtung, sondern richten sich an jene, die der Doktrin etablierter Religionen den Rücken gekehrt haben und nach einer umfassenden Sichtweise suchen. Hier finden sie die überzeugende Antwort auf alle ihre Fragen.

104 Seiten, ISBN 3-938104-02-3, Paperback, EUR 12,00

Erschienen bei:

Djassemi Verlag, Sylt • Westhüs 17 25980 Tinnum / Sylt-Ost

Tel.: +49(0)4651 6205, Fax: +49(0)4651 29356

Freude und Leid

Der „Sokrates von Sylt" (Die Welt, 28. Sep. 1998) fand inzwischen zu der einfachen Wahrheit, daß das Elexier des Lebens die Freude sei, zu deren wichtigen Bedingungen gesellschaftlicher Fortschritt, Freiheit und Gerechtigkeit zählen.
Aber auch individuell können die Menschen mit vielen Übungen und Handlungen versuchen, ihr Leben positiv zu beeinflussen und neu zu gestalten.
In diesem Buch wird näher erläutert, was jeder für Leidbewältigung, Leidminderung und die Optimierung von Freude tun kann.

78 Seiten, ISBN 3-938104-01-5, Paperback, EUR 10,00

Erschienen bei:

Djassemi Verlag, Sylt • Westhüs 17 25980 Tinnum / Sylt-Ost

Tel.: +49(0)4651 6205, Fax: +49(0)4651 29356

1.   Die andere Botschaft
     (in deutsch)
Hier nimmt der Autor zu 22 Themenkreisen, die die
Menschheit beschäftigen, in Form von Sinnsprüchen Stel-
lung. Glaube, Wissenschaft und Weises ergeben dabei eine
Symbiose und harmonische Ganzheit. Ca. 150 Seiten, 25,-
DM

2.   Die Islamische Ideologie
     (in deutsch)
Eine philosophisch-theologische Darstellung der politisch
relevanten Strömungen in der gegenwärtigen islamischen
Welt, vor allem im Iran. Ca. 60 Seiten, 18,-DM

3.   Islam, Iran und die Sowjetunion
     (in persisch)
erschienen 1989. Die leidvolle Geschichte der Kolonisie-
rung islamischer Völker durch Zarismus und Bolschewis-
mus. Ca. 80 Seiten, 15,-DM

4.   Lexikon der Politik
     (in persisch)
10 Auflage, ca.1000 Seiten. Das umfassende Werk dieser
Art im Iran. In Autorengemeinschaft mit Herrn Dr. Bahram
Djassemi entstanden. Preis 185,-DM
5.   Gedichtband, Freude und Leid
     (in persisch)
ca. 70 Seiten, 15,-DM

6.   Was ist die Politik der Nationalen Einheit und welche
Notwendigkeit besteht für sie?
     (in persisch)

ca. 70 Seiten. Durch Einbeziehung der Ökologie in sozio-ökonomischen und sozio-kulturellen Themenbereichen und durch einen ganzheitlichen Zugang arbeitet der Autor die Umrisse einer alternativen Ordnungsform für den Iran aus, worin sich die islamischen herrschenden Kräfte mit der von der Macht ausgeschlossenen säkularen Opposition wieder versöhnen könnten. Preis 8,-DM

7.   Kritik des Marx´schen Praxisbegriffes
     (in persisch)
Hier deckt der Autor anhand des Praxisbegriffs von Aristoteles bis Hegel den fatalen ontologischen Re-duktionismus Marxens auf, der ganz im Banne der technophilen Revolution stand.
Ca. 300 Seiten 30,-DM

8.   Klassentheorie oder eine neue Machttheorie?
     (in persisch)
Ausgehend von seiner langjährigen Erfahrung in kommunistischen Parteiorganisationen zeigt der Autor auf, wie im Marxismus genuin Macht entsteht und oligarchisch verwaltet und gehandhabt wird. Ca. 350 Seiten, 29,-DM

9.   Ideen zum Gottesstaat

www.ingramcontent.com/pod-product-compliance
Lightning Source LLC
Chambersburg PA
CBHW071406280526
45787CB00001B/462